Ölpest

Naturgeister 15

Lizenzangaben für die Bilder in diesem Buch:

Jedermann: Linux-Klausel: Der Urheber kann aber unentgeltlich ein einfaches
   Nutzungsrecht für jedermann einräumen.
CC-BY-SA: „Creative Commons Namensnennung-Weitergabe unter gleichen
   Bedingungen" in den Versionen 1.0, 2.0, 2.5 und 3.0
gemeinfrei: Rechte abgelaufen
GFDL: GNU Free Documentation License
   http://de.wikipedia.org/wiki/GNU-Lizenz_für_freie_Dokumentation
PD: public domain: Rechte vom Autor/Fotograf/Zeichner freigegeben
® Symbol für eingetragene Marke

Die Quelle der Bilder ist www.wikipedia.de oder www. wikipedia.org oder
http://commons.wikimedia.org/wiki/ mit Ausnahme der Bilder mit eige-
ner Quellenangabe! Die Bilder wurden zum Zeitpunkt der Drucklegung
heruntergeladen.

Zu den Steiner-Zitatangaben in den FLENSBURGER HEFTEN: Die GA-Nummern beziehen sich auf die
jeweilige Bibliographie-Nummer der Rudolf Steiner Gesamtausgabe im Rudolf Steiner Verlag, Dor-
nach/Schweiz. Danach sind in der Regel das Erscheinungsjahr der benutzten Ausgabe, das Vor-
tragsdatum bzw. Kapitel und die Seitenzahl angegeben, von der Autor-, Titel- und Ortsnennung
wird abgesehen. Nach Bibliographie-Nummern geordnet ist die Rudolf Steiner Gesamtausgabe im
Katalog des Rudolf Steiner Verlags aufgeführt. Der Katalog ist durch den Buchhandel erhältlich.

Aus dem Inhalt

Liebe Leserinnen und Leser,

die Explosion der Bohrstation Deepwater Horizon im Golf von Mexiko ist eine der größten menschengemachten Naturkatastrophen überhaupt. 800 Millionen Liter Rohöl sollen in der Zeit von Ende April bis Anfang August 2010 in den Golf geströmt sein und haben das Wasser verpestet, unzählbare Mengen von Kleinstlebewesen, Fischen, Vögeln und Meeressäugern vergiftet, weite Teile der Küsten verdreckt sowie die berufliche Existenz vieler Menschen vernichtet.

Dies war für uns Anlaß, einen solchen massiven menschlichen Eingriff in die Natur mit verschiedensten Geist- und Naturwesen zu besprechen – u.a. mit dem Wasserwesen Etschewit und dem Ölwesen Eulalia.

Oft steht man als mitfühlender Zeitgenosse mehr oder weniger ohnmächtig, als bloßer Zuschauer, vor den verschiedenen Katastrophen dieser Erde, ist verzweifelt, weil man nicht mehr helfen kann, und fühlt auch eine konkrete Mitverantwortung. Aber jeder Mensch kann helfen – durch sein Interesse für andere Wesen in Not und durch ein konkretes Gebet für unsere Erde. Beides sind reale Kräfte, die wirken. Und das kann jeder Mensch! – Im hinteren Teil dieses Buches finden Sie dazu passende Gebete in englischer und deutscher Sprache. –

Weil der Pelikan deutlich sichtbar durch diese Ölpest besonders betroffen ist, haben wir dies zum Anlaß genommen, mit dem Engel der Pelikane über das Wesen der Pelikane zu sprechen.

Es grüßt Sie
Ihre Flensburger Hefte-Redaktion

Die beteiligten Geistwesen

DIESE WESEN SIND AUS VORANGEGANGENEN VERÖFFENTLICHUNGEN BEKANNT:

Etschewit, der Nasse – Wasserwesen
Knut, der Sandige - Sandwesen
Kapuwu, der Steinerne - Steinwesen

DIESE WESEN TRETEN HIER ZUM ERSTEN MAL AUF:

Witschdeida, die Graue der Seevögel – Seevogelbetreuerin
Samsonael, der Pelikanengel – Mitglied der Hierarchien
Eulalia, die Erdölbewacherin – Hirtenwesen
Abyss, der Nasse der Tiefe – Wasserwesen

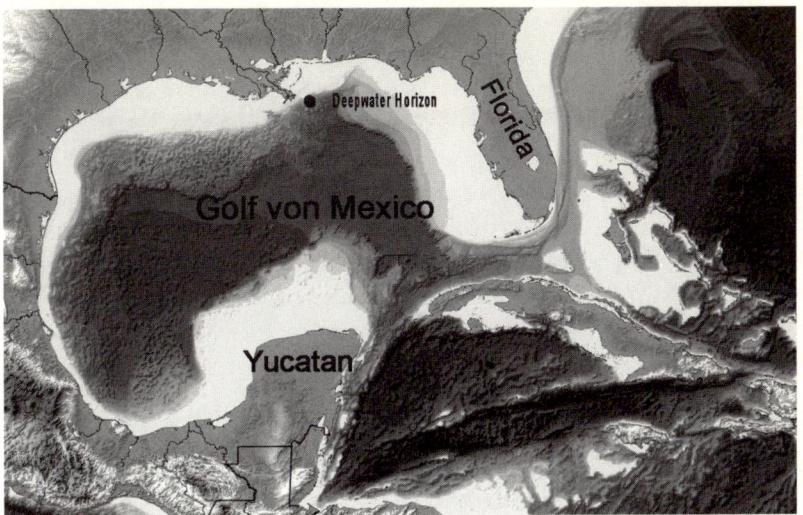

Uwe Dedering, Änderungen: FH Satzstudio

Lage der Ölbohrplattform
Karte mit Tiefenrelief

Öl und Wasser

Wolfgang Weirauch: Die Ölkatastrophe im Golf von Mexiko dort im Macondo-Ölfeld vom 20. April 2010 ist wohl die größte menschengemachte Katastrophe, die es jemals im Bereich von Wasserverschmutzung gegeben hat[1]. Kannst Du einmal schildern, was genau passiert, wenn sich Öl mit Wasser verbindet; vielleicht erst einmal bei einer kleinen Menge?

Etschewit, der Nasse: Ölige und wäßrige Flüssigkeiten stoßen sich gegenseitig ab. Wenn viel Wasser vorhanden ist und Öl hineinkommt, neigt das Öl dazu, weil es leichter ist als Wasser, sich an der

---

1 Die Deepwater Horizon war eine Explorations-Ölbohrplattform im Golf von Mexiko. Die Plattform wurde 2001 in Dienst gestellt; die Firma Transocean betrieb sie im Auftrag des Leasingnehmers BP, um damit Ölbohrungen in rund 1500 Meter tiefen Gewässern durchzuführen.
Am 20. April 2010 kam es infolge verschiedener schwerer Versäumnisse zu einem Blowout, bei dem die Plattform in Brand geriet und infolgedessen zwei Tage später unterging. Das ausströmende Öl führte zur Ölpest im Golf von Mexiko, der schwersten Umweltkatastrophe dieser Art in der Geschichte.
Quelle: http://de.wikipedia.org/wiki/Deepwater_Horizon

Wasseroberfläche zu sammeln. Das kannst Du beim Nudelkochen ausprobieren: Nimm einen Topf mit Nudeln und Salzwasser, gib einen Eßlöffel Öl hinein, damit die Nudeln nicht verkleben, und schon schwimmt Öl oben auf dem Wasser. Es verbindet sich nicht mit dem Wasser. Es verbindet sich erst dann, wenn es kocht oder wenn Du rührst. Dann wird der Ölfilm zerrissen – entweder durch den mechanischen Eingriff des Rührens oder durch das Blubbern, wenn beim Kochen die Luft das Wasser verläßt. Öl und Wasser sind sich also grundlegend abhold, vermischen sich nicht schnell, gerne und direkt. Mit Erdöl ist dies ganz genauso.

Keine Mischungen

W.W.: Macht das Öl etwas mit dem Wasser, wenn es ins Wasser gegeben wird, oder sind beide nur zwei getrennte Flüssigkeiten auf ungefähr demselben Raum?

Etschewit: Auch wenn Du eine feine Emulsion machst, sind eigentlich nur feinste Tröpfchen von dem einen im anderen – entweder feinste Wassertröpfchen im Öl oder feinste Öltröpfchen im Wasser. Beide Formen nutzt ihr auch medizinisch, denn aus diesen Lösungen werden z.b. Cremes gemacht. Das eine ist fetter, das andere ist weniger fett. Es gibt also keine Mischung, sondern das jeweils eine Medium, in dem das andere vorhanden ist. Öl und Wasser mischen sich eigentlich gar nicht. So gesehen ist immer beides vorhanden. Und es kommt immer darauf an, wie gut es mechanisch verrührt ist.

Wasser ist Leben

W.W.: Was ist überhaupt Wasser?

Etschewit: Leben! Wasser ist der Träger sämtlicher vorhandener Lebensformen und Lebenskräfte, die es auf der Erde gibt. Wasser ist der Ausdruck des Ätherischen in der physischen Welt. Wasser ist nicht der Ausdruck des Astralischen. Wasser ist auch Träger der Gewohnheit und Erinnerung. Mit Deinem Ätherleib ist auch Dein Gedächtnis verbunden; Dein Gedächtnis ist ja nicht in Deinem Gehirn, sondern in Deinem Ätherischen. Das Gedächtnis der Erde ist in ihrem Wasserkörper – also im ätherischen Wasserkörper –, zumindest für die gesamte Erdenzeit des Erdenwesens. Hier sollte man allerdings wissen, daß das Erdenwesen ein Wesen ist, welches seinerseits auch eine Entwicklung durchläuft. Die Entwicklung eines solchen Erdenwesens, gemessen an der Entwicklung eines Menschen, ist natürlich extrem lange, denn ein Erdenwesenstag ist viel länger als ein Menschenlebenstag. Aber auch das Erdenwesen entwickelt sich. Wir sind jetzt in der Entwicklungszeit Erde der Erde, und während dieser Erdenzeit ist alles das, was Erinnerung an vorhergehende Erdenzustände ist – alter Mond, alte Sonne, alter Saturn –, aber auch die Erinnerungen an die bisher abgelaufene Erdenzeit, im gesamten Flüssigen als Erinnerung gespeichert. Es ist wichtig, daß man begreift, daß diese Erinnerung in allem Flüssigen ist.

W.W.: Also auch im Öl?

Etschewit: Ja, auch im Öl. Öl ist neben dem Wasser fast die einzige Flüssigkeit, die es auf unserer Erde gibt. Dann gibt es nur noch das Quecksilber, welches eine große Sonderstellung hat. Weiterhin gibt es keine echten Flüssigkeiten, denn alles andere sind wäßrige bzw. ölige Lösungen.

Wir haben also vorwiegend zwei Flüssigkeiten – Wasser und Öl. Beide sind sehr verschieden. Wasser ist grundlegend aus zwei Elementen aufgebaut, aus Sauerstoff und Wasserstoff. Ein Sauerstoffatom bildet mit zwei Wasserstoffatomen ein Molekül, so drückt ihr dies chemisch aus. Öl enthält andere Elemente, vor allem Kohlenwasserstoffe. Öl bzw. Petroleum sind ursprünglich pflanzliche Stoffe in der Erde. Reines Pflanzenöl besteht auch aus Kohlenwasserstoffen. Wenn man in die Erdgeschichte zurückblickt, stellt man fest, daß das Petroleum, daß das Erdöl ursprünglich auch aus Pflanzen gebildet worden ist. Erdöl ist aus ursprünglich lebendigen Stoffen entstanden.

Die Zusammensetzung nach Elementen bewegt sich dabei in folgender Bandbreite:[2]

Kohlenstoff	83 – 87 %	Sauerstoff	0,1 – 1,5 %
Wasserstoff	10 – 14 %	Schwefel	0,5 – 6 %
Stickstoff	0,1 – 2 %	Metalle	< 1000 ppm

---

2 James G. Speight: The Chemistry and Technology of Petroleum, S. S. 215–216, Marcel Dekker 1999. Quelle: de.wikipedia

Die Akasha-Chronik

W.W.: Wenn im Ätherischen des Wassers und des Erdöls Erinnerungen der Erde vorhanden sind, wie kann man das mit den Erinnerungen, die im menschlichen Ätherleib vorhanden sind und die nach dem Tod des Menschen in die Akasha-Chronik einziehen, in Übereinstimmung bringen?

Etschewit: Die Akasha-Chronik ist weder physisch noch ätherisch, sie ist geistig. Alles Geistige, was auf der Erde eine Wirkung haben will oder muß, muß dafür eine physische Entsprechung haben. Es muß also zum Stoff werden, anders ausgedrückt: Es muß sterben. Alles, was im Physischen vorhanden ist, ist gestorben und wartet auf seine Auferstehung. In der Akasha-Chronik ist alles aufgezeichnet, was die Menschen jemals getan haben; genauso das, was die geistigen Wesen getan haben. Damit die Akasha-Chronik auf die physische Welt wirken kann, muß sie einen Anker haben. Und diesen Anker siehst Du im Wasser vor Dir.

W.W.: Und als es noch keine Erde gab, die geistigen Wesen aber schon wirkten, brauchte es also für die Akasha-Chronik keinen physisch-materiellen Anker?

Etschewit: Korrekt. Hier muß man Erinnerung und Form als ähnliche Bereiche ansprechen. Du bist mit Deinem physischen Leib, mit Deiner Form, aus den Erinnerungen der letzten Erdenleben geformt, zumindest aus einem bestimmten Blickwinkel betrachtet. Diese Vorinkarnationen geben Dir Deine heutige Form. Es sind aber irgendwo auch Erinnerungen. Folglich gibt das Flüssige mit seinem Erinnerungspotential der Erde ihre Form, weil darin ihre Erinnerungen sind.

W.W.: Verstehe ich das richtig: Wie der physische Leib des Menschen samt Ätherleib Form und Folge bzw. Erinnerungträger des vorigen Erdenlebens sind, so ist das Wasser die Form und der Erinnerungträger des Lebens aus der letzten Verkörperung der Erde?

Etschewit: Genau. Ihr benennt ja auch die letzten Leben der Erde mit Begriffen wie z.B. den alten Mond, die alte Sonne und den alten Saturn. Der alte Mond ist sozusagen das letzte Leben der Erde.

W.W.: Und das, was auf der Erde bis heute geschah, speichert sich auch im Flüssig-Ätherischen ab?

Etschewit: Natürlich. Das ist genauso wie bei den Menschen, denn innerhalb einer Inkarnation ist man auch in der Lage, durch Arbeit an sich selbst, seine physische Form zu verändern, nicht grundlegend, aber tendenziell. Grob gesehen kann man an sich rumschnippeln, feiner betrachtet kann man durch eine meditative Lebensform seinen Körper verändern. So gesehen bemerkt man die Veränderungen, die man selbst bewerkstelligt, nicht nur am ätherischen, sondern auch am physischen Leib. Folglich ist auch alles das, was in diesem Leben bewerkstelligt wurde, in die Form eingeprägt.

Seelische Erinnerungen im Öl

W.W.: Nun haben wir zwei Flüssigkeiten; wofür ist Wasser der physisch-ätherische Erinnerungsabdruck, wofür Öl?

Etschewit: Öl ist ein Fett. Fette werden im Menschen über die Leber verarbeitet. Die Leber ist der Ort, an dem die Seele am meisten eingreift, nicht das Ich. Folglich muß das Fett, also auch das Erdöl, etwas mit dem Astralen zu tun haben. Wasser ist also die lebendige, die ätherische Erinnerung, die rein formgebende Erinnerung der Erde, und im Ätherischen des Öls sind die Erinnerungen, die die Erde aufgrund von Seelenregungen durchmachen mußte.

W.W.: Wessen Seelenregungen?

Etschewit: Das ist die Frage. Geht es hierbei nur um das Seelische der Menschen, also um ihre astralen Verwerfungen, z.B. durch alle die Probleme, die durch die Doppelgeschlechtlichkeit des Menschen auftreten, oder geht es hierbei auch noch um die seelischen Regungen ganz anderer Wesen? Es haben ja nicht nur Menschen eine Seele. Tiere haben eine Seele, Engel haben eine Seele, auch Erzengel haben noch eine Seele; im Prinzip haben auch die Pflanzen eine Seele, aber sie ist nicht in der Nähe des physischen Körpers. Bei den Wesen, die über den Erzengeln stehen, ist die Seele im klassischen Sinne nicht mehr in ihrem Wesen vorhanden, sondern in den Hintergrund, in andere Seinsebenen zurückgetreten. Entschuldige diesen schwammigen Begriff. Aber es ist kaum anders zu beschreiben.

Wo ist eigentlich der Himmel?

Wenn ihr über Pflanzen redet, sprecht ihr z.B. vom niederen und vom höheren Devachan. Hast Du Dir schon einmal Gedanken darüber gemacht, wo das eigentlich ist?

W.W.: Nicht so ganz exakt. Die geistige Welt ist ein weites Feld.

Etschewit: Deswegen mein etwas schwammiger Begriff von den anderen Seinsebenen. Pflanzen haben die Seele noch in der Zukunft vor sich, werden einen direkten Kontakt mit dieser Seele haben, werden sich auf ihrer nächsten Stufe die Seele erarbeiten, so wie ihr euch jetzt euer Ich erarbeitet und die Tiere momentan dabei sind, sich ihre Seele zu erarbeiten. Die Engel erarbeiten sich die nächste Stufe über dem Ich, das Geistselbst, die Erzengel erarbeiten sich den Lebensgeist. Und immer dann, wenn man sich ein höheres Wesensglied erarbeitet, fällt unten eines ab. Bei den Menschen ist der nächste Leib, den sie ablegen, der physische Leib; auf der nächsten Erdenverkörperungsstufe haben die Menschen dann nur noch einen Ätherleib, einen Seelenleib, ein Ich und ein Geistselbst, welches sie sich dann mehr und mehr erarbeiten.

Ist dann aber der physische Leib des Menschen weg? Er ist von ihnen getrennt, ist dann in einer Seinstufe, die man Devachan nennen kann. Die Archai haben als unterstes Wesensglied ein Ich, darüber ein Geistselbst, dann einen Lebensgeist und als oberstes Glied den Geistesmenschen. Die Seele, die sie einstmals hatten, hat sich in eine andere Ebene zurückgezogen; dies ist zumindest denkbar.

W.W.: Und was sind das für Ebenen?

Etschewit: Das ist eine gute Frage. Nennen wir sie einfach Devachan.

W.W.: Unter Devachan hatte ich mir immer die geistige Welt vorgestellt.

Etschewit: Ja, es ist eine andere Seinsebene; sie ist sprachlich schwer zugänglich. So, wie ihr Menschen derzeit konfiguriert seid, seid ihr dreidimensional angelegt. Ihr begreift die Welt in vornehinten, oben-unten, links-rechts; das sind drei Raumesrichtungen. Rechnen in der Mathematik könnt ihr aber mit diversen Raumesrichtungen. Diese zusätzlichen Raumesrichtungen sind den Menschen aber nicht zugänglich. In diesen nicht zugänglichen Raumesrichtungen ist das Devachan enthalten.

W.W.: Kannst Du noch ein Beispiel geben, damit es etwas anschaulicher wird?

Etschewit: Stell Dir die Erde als physische Kugel vor. Sie ist von einer Lufthülle umgeben, auch von einer Wasserhülle. Und nun kann man die Frage stellen, wo der Himmel ist. Den erreichst Du

Erdatmosphäre, teilweise vor dem Vollmond. Aufgenommen 1999 aus der Discovery

nicht, wenn Du Dich in eine Mond- oder Marsrakete setzt und in den Weltraum fliegst. Dann kannst Du fliegen, solange Du willst, in den Himmel kommst Du nie. Wo ist eigentlich der Himmel?

Es gibt also einen Ort Himmel bzw. mehrere Himmel, die am selben Ort wie alles andere sind – z.B. wie das Materielle –, aber in anderen Ebenen. Es gibt nicht nur die Kugel Erde mit ihrer Physis, mit ihrem Äthersein, mit ihrem Astralsein, sondern ortsgleich, aber auf einer anderen Ebene, gibt es Erdkugeln, die aus anderen, wenn auch übersinnlichen Substanzen bestehen, die aber genauso existieren. Es ist eine Kugel über bzw. hinter bzw. in der Kugel, an der gleichen Stelle, aber nicht erreichbar, wenn Du in Deiner materiellen Substanz gefangen bist. Diese andere Kugel ist auch Devachan. Das ist Himmel.

Subphysische Leiber

Nächster Begriff: Sphären. Es gibt den Begriff der verschiedenen Sphären. Bei manchen Anthroposophen klingelt gleich die Alarmglocke: die achte Sphäre! Wo ist denn die?

W.W.: Irgendwo in einer abgelegeneren geistigen Sphäre vermutlich …

Etschewit: In diesen anderen Sphären, nicht unbedingt in der achten Sphäre, sind Teile von Dir, zu denen Du jetzt in Deinem Sein keinen Zugriff hast. Aber sie sind da, wenn man sie zuläßt. Sie sind auch dann da, wenn Du sie nicht für Dich zuläßt. Ihr könnt vieles ignorieren, trotzdem ist es da. Hier sind wir sehr großzügig. In solchen Bereichen befinden sich die zukünftigen Teile von Dir, auf die Du jetzt noch keinen Zugriff hast. Als Beispiel können wir immer sagen, daß Du auf Deinen Geistesmenschen noch keinen Zugriff hast. Deswegen ist er aber trotzdem existent. Genausowenig hast Du einen Zugriff auf das, was vor Deiner Physis lag, also auf Deinen Todesleib, den hermetischen Leib; so nenne ich ihn gern.

W.W.: Was ist das?

Etschewit: Rudolf Steiner bildete die interessante Begrifflichkeit „physischer Leib^{-1}". Ich kann nichts für diesen ziemlich merkwürdigen Begriff; den hat er sich ausgedacht.

W.W.: Du denkst jetzt an untersinnliche Leiber?

Etschewit: Ja. Die gibt es bei Elementarwesen, aber genauso bei anderen Wesen. Nehmen wir z.B. die Sylphen: Sie sind genauso viergliedrig wie alle anderen Wesen; als oberstes haben sie den Astralleib, dann den Ätherleib, dann den physischen Leib – wenn auch nicht materiell –, und dann haben sie den Leib^{-1}, für den es keinen Namen gibt, also den ersten untersinnlichen Leib. Die Undinen haben Leib^{-2} dazu, die Gnomen Leib^{-3} dazu. Wo sind denn diese Leiber? Sie sind dort, wo auch Deine Leiber^{-1}, $^{-2}$, $^{-3}$ sind. Auch der Mensch hat diese Leiber; ihr denkt nur nicht darüber nach.

W.W.: Was sind das für Leiber?

Etschewit: Es sind nicht unbedingt untersinnliche Leiber, aber subphysische Leiber.

W.W.: Ich verstehe das nicht: Hatte der Mensch diese einmal in einer anderen Form und vergangenen Entwicklungszeit, hat er sie immer noch, oder wie darf ich das verstehen?

Etschewit: Ja, das ist das Problem. Der Mensch *hatte* sie einmal.

W.W.: Ist das entsprechend so zu sehen, wie die Archai keinen Astralleib mehr haben?

Etschewit: Genau.

W.W.: Dann wäre aus Sicht der Archai ihr Astralleib ein Leib^{-1}?

Etschewit: Genau.

W.W.: Wir sprechen also hier über Leiber einer vorigen Seinsstufe des jeweiligen Wesens, über abgelegte Hüllen?

Etschewit: So ist es. Es ist eine Art Basis einer früheren Entwicklungsepoche, die wegen des Entwicklungsaufstiegs in irgendeiner Zeit abgelegt worden ist. Es ist kein Leichnam, aber ihr könnt es nicht anders denken. Dieser Leib ist nicht weg; nichts ist weg! Die Konfiguration eines jeden Leibes muß irgendwo bewahrt werden, und das ist in diesen angesprochenen anderen Sphären. Aber diese Leiber ragen trotzdem ortsgleich in diese Welt hinein.

Springen wir einmal auf den alten Saturn. Beschrieben wird der Mensch auf dem alten Saturn als eine erste bewußte Stufe von sich, und zwar in Form von Wärmeeiern. In einer völlig dunklen, noch lichtlosen Welt flitzten also Wärmeeier herum. War der Mensch damals eindimensional?

W.W.: Ich vermute nicht. Vermutlich hatte der Mensch damals den physischen Leib und 3 Leiber^{-X} (subpysische Leiber).

Etschewit: Genau. Warum, um Gottes Willen, soll es damals anders gewesen sein als heute.

W.W.: Aber damals gab es ja keine Zeit; gab es denn dann Entwicklung?

Etschewit: Ist es für Dich denkbar, daß es damals schon Parallelwelten gab, die schon Zeit hatten?

W.W.: Denkbar ist vieles.

Etschewit: Kannst Du Dir vorstellen, daß diejenigen Wesen, die sich mit den Wärmeeiern der Menschen beschäftigten, selber in einer zeitbegabten Welt lebten?

W.W.: Denkbar ist es. Das würde bedeuten, daß die Sphäre des alten Saturn, aus dem dann irgendwann die Erde wurde, ohne Zeit war; daß alles andere drumherum – oder diese eine, den alten Saturn durchdringende Sphäre – mit Zeit war.

Etschewit: So ähnlich. Etwas von dem Drumherum war mit Zeit. Wert zu hinterfragen ist aber, ob diese Zeit die gleiche Zeit war wie die Zeit, die wir jetzt unter Zeit verstehen. Es war anders, aber etwas Gleichwertiges gab es schon.

W.W.: Das ist ja spannend.

Etschewit: Logik ist immer spannend.

W.W.: Ist es nur Logik, oder ist es auch Wirklichkeit?

Etschewit: Es ist tatsächlich so gewesen, aber es war so dermaßen anders, daß es ein wenig schief ist, wenn man es aus der heutigen Sicht beschreibt und sich so ähnlich vorstellt wie alles Heutige. Damalige dreidimensionale Wesen sind mit eurer heutigen Vorstellung von dreidimensionalen Wesen nur bedingt zu verstehen.

W.W.: Es muß ja auch etwas vor dem alten Saturn gegeben haben, denn wenn man sich die höheren Hierarchien betrachtet, so kann es kaum sein, daß diese irgendwann in ihrer höheren Entwicklungsstufe angefangen haben. Auch sie müssen einmal eine Entwicklung durchgemacht haben.

Etschewit: Genau so ist es.

Das seelische Gedächtnis im Öligen

Zurück zum Fettigen und Öligen. Wenn Du die Erdensphäre betrachtest, hast Du eine Sphäre, in der das Lebendige ist. Deren Erinnerung ist im Ätherischen des Wäßrigen. Dann gibt es eine Erdensphäre, in der das Astrale enthalten ist. Ihre Erinnerung ist im Ätherischen des Öligen. Ich denke dabei jetzt an die Erdensphären genauso wie an Deine persönlichen Sphären. In Deiner Körperflüssigkeit ist die lebendige Erinnerung, die Äthererinnerung, in Deinen Körperfetten ist die seelische Erinnerung; natürlich jeweils im Ätherischen beider Flüssigkeiten. Das ist beim Menschen genauso wie bei der Erde. Fette sind eine Stufe zwischen flüssig und fest. Es gibt ganz flüssige Fette, die sehr zum Wäßrigen neigen, und es gibt ganz fette, dicke Fette, die zum Festen neigen. Das Fett steht auf dem Übergang vom Flüssigen zum Festen, also auf dem Übergang vom Lebendigen zum Toten. Und zwischen Ätherleib und Ich steht der Astralleib. Insofern ist das Fett ein Ausdruck des Astralen, und weil es die flüssige Form hat, auch sein Gedächtnis. Im Öligen, im Petroleum, im Steinöl der Erde liegt das seelische Gedächtnis der Erde.

Betrachten wir einmal den Menschen dreigliedrig, nach Leib, Seele und Geist. Obere Teile der Seele gehen eine Verbindung mit dem Geistigen ein, untere Teile mit dem Leiblichen, auch mit den Hüllen Ätherleib und Astralleib. Ganz primitive untere Teile der Seele rechnet ihr manchmal sogar noch zum Ätherleib. Es gibt hier also Mischformen. Fett ist etwas Ähnliches, es ist weder Flüssigkeit noch Festes, sondern steht dazwischen, genauso dazwischen wie der

Astralleib bei einer gewissen Betrachtung. Man könnte das Fett auch den Ätherleib des Astralleibes nennen.

W.W.: Bei der dreigliedrigen Betrachtung gehört aber zum Leib der materielle Leib, der Ätherleib und die Seelenhülle.

Etschewit: Das ändert aber nichts, denn diese Mischformen und Übergänge bleiben auch bei dieser Betrachtung. Das Fett ist wirklich der Ätherleib des Astralleibes.

W.W.: Der Erinnerungsspeicher des Menschen liegt also ausschließlich im Leib, wobei Leib jetzt nicht materiell zu fassen ist, und die eher seelischen Erinnerungen liegen im ätherisch-astralischen Bereich des Fettes, alle anderen Erinnerungen im ätherischen Bereich des Flüssigen? Und genauso ist es im Großen mit der gesamten Erde?

Etschewit: Genau so ist es, das Wasser und das Öl sind die Grundlagen der lebendigen und der seelischen Erinnerung der Erdvorgänge.

Weltenäther und Akasha-Chronik

W.W.: Und wenn der Mensch stirbt und seine Erinnerungsspeicher aus seinem Ätherischen herausgehen und in den Weltenäther einziehen, wie steht dann dieser Weltenäther zur Akasha-Chronik? Ziehen die Erinnerungen des Menschen nur in den geistigen Bereich der Akasha-Chronik ein oder auch in einen die Erde umspannenden Weltenäther?

Etschewit: Es gibt auch einen Geistleib. Die Akasha-Chronik hat als Begriff etwas eher Festes, und man kann sie auch als Speicher des Geistleibes betrachten. Auf jeden Fall ist die Akasha-Chronik der geistige Anker jedweder Erinnerung, nimmt im Endeffekt also sowohl die fettigen wie auch die flüssigen Erinnerungen auf, letztlich also sämtliche Erinnerungen. Und als Medium geschieht dies durch den Weltenäther. Technisch ausgedrückt: Das Kabel, welches den Transfer der Erinnerungen vom sterbenden Menschen zur Akasha-Chronik vermittelt, ist der Weltenäther. Der Weltenäther ist eine Art Durchgangssphäre.

W.W.: Bleiben die Erinnerungen auch im Weltenäther, oder fließen sie nur durch?

Etschewit: Fließen braucht Zeit, insofern bleiben die Erinnerungen auch eine gewisse Zeit im Weltenäther. Das ist bei der

Datenübertragung nicht anders, denn wenn Du von Flensburg eine E-Mail verschickst, so braucht sie eine gewisse Zeit, um in die USA übermittelt zu werden; auch wenn Du die Kürze dieser Zeit so gut wie nicht wahrnimmst. Diese Zeit ist für euer menschliches Erleben sehr kurz, aber sie ist meßbar, insofern ist es auch Zeit. –

Im Golf von Mexiko, der ohnehin eine sehr spannende Stelle der Welt ist, quillt also mit dem Erdöl astrale Erinnerung der Erde hoch.

Gemütskrankheiten im nächsten Leben

W.W.: Du sagtest, daß sich Öl und Wasser nicht so gut vertragen, auch die Erinnerungen nicht so unbedingt. Wie ist es nun beim Menschen, wenn dieser stirbt und die lebendigen und seelischen Erinnerungen durch die Röhre des Weltenäthers in die Akasha-Chronik hineinfließen – vertragen die sich ebenfalls nicht?

Etschewit: Wie ich vorhin schon sagte, schwimmt Fett immer oben. Die astralen Erinnerungen haben den Drang in sich, schneller durch diese Röhre zu kommen. Wenn aber das Durchflitzen der Erinnerungen durch diese Röhre nicht so gut klappt, kann dies zu Komplikationen führen, die auch zu Komplikationen des Durchstiegs des menschlichen Ichs bis hoch zur Weltenmitternachtsstunde führen. Dann muß man – einfach ausgedrückt – hin und wieder das Rohr putzen. Und wenn Du Dich wieder inkarnierst, kann es sein, daß Du ins nächste Leben Gemütskrankheiten mitbringst, weil in Deinem Seelenleib Ätherteile eingewoben sind.

W.W.: Also eine seelische Emulsion?

Etschewit: Genau. Schau Dir die immer häufiger auftretenden seelischen Störungen, wie z.B. Borderline, bipolare Störungen und weiteres an; bei phänomenologischer Betrachtung kann man sagen, daß diese Menschen einen emulgierenden Ätherleib und Astralleib haben.

W.W.: Das basiert also auf dem Verhalten im letzten Leben und daraus folgend darauf, daß die Röhre im Nachtodlichen nicht richtig geputzt wurde?

Etschewit: Technisch gesehen auf jeden Fall. Das erklärt aber nicht die Hintergründe davon.

W.W.: Hat jeder Mensch im Weltenäther eine individuelle Röhre, die er individuell putzen muß?

Etschewit: Jeder Mensch legt im Todesmoment einen Welten-
ätherkanal an. Wenn er diesen unsauber gestaltet, weil er während
des Lebens den Weltenäther und alles höhere Geistige als nicht
existent betrachtet, kann diese Röhre aus Ignoranz zu dünn geraten.
Und dann haben die Erinnerungsbestandteile Probleme, durch diese
Röhre hindurchzugehen. Das ist natürlich alles nur ein technisches
Bild, und man muß dies geistig auffassen.

W.W.: Die Röhre bildet sich also im Todesmoment?

Etschewit: Ihr Beginn liegt eigentlich schon im Geburtsmoment,
aber erst beim Tod wird sie aktiv.

W.W.: Und sie ist gestaltet durch die Art, wie der Mensch während
des letzten Lebens gedacht hat?

Etschewit: So wie er sich an den Weltenäther während des Lebens angeschlossen hat. Wenn er sich nicht angeschlossen hat, ist
diese Röhre lediglich eine Art Strohhalm. Wenn er sich aber sehr
mit dem Übersinnlichen beschäftigt hat, hat er dort einen großen
Abwasserkanal.

W.W.: Die Arbeit für diese Röhre endet also mit dem Tod? Dann
ist sie so, wie sie ist?

Etschewit: Ja, dann ist sie so, wie sie ist. Und wenn diese Röhre
zu dünn ist, ergeben sich Stauungen, ergeben sich Emulsionen in
dieser Röhre, die zu Gemütskrankheiten im nächsten Erdenleben
führen können. Wenn Du Dir Menschen mit Angst- oder gewissen
Gemütskrankheiten anschaust, kann man dies auch erleben, weil
sich in ihnen eine Art Ätherleib-Astralleib-Emulsion befindet. Ihr
Ätherleib und ihr Astralleib sind nicht sorgfältig voneinander getrennt; sie behindern sich gegenseitig, greifen auf eine ungute Art
ineinander.

Der Körperelementargeist bewahrt das Muster für das nächste Leben

W.W.: Betrachten wir noch einmal die Zeit nach dem Tod und die
Zeit vor der Geburt. Nach dem Tod legt man alles an Abdrücken ab,
was im Ätherleib gespeichert wurde, also die Abdrücke im Flüssigen
und Öligen, und es gibt den mehr oder weniger behinderten Durch-
gang durch die Röhre bis zur Weltenmitternachtsstunde. Dann aber
gibt es die Zeit vor der Geburt, in der das Ich sich eine neue Seelen-
und Äthermaterie für den Astralleib und den Ätherleib sammelt.

Wie hängt mit dieser neu gesammelten Seelen- und Äthermaterie für den neuen Astralleib und den neuen Ätherleib zusammen, was noch an möglichen Stauungen oder Überresten vorhanden ist? Wie werden diese Stauungen in die neue Leiblichkeit integriert? Wie werden der neue Astralleib und der neue Ätherleib durch die alten Überreste behindert?

Etschewit: Hier solltest Du nicht den Körperelementargeist vergessen. Er verwaltet das ganze Geschehen. Er verwaltet vor allem diese ganzen Reste. Wenn Du einen neuen Ätherleib und einen neuen Astralleib zusammensammelst, um Dich erneut zu inkarnieren, beauftragst Du Deinen auf Dich wartenden Körperelementargeist mit den grundlegenden Maurerarbeiten, um dies einmal einfach in einem Bild darzustellen. Diese Maurerarbeiten kann der Körperelementargeist nur so gut machen, wie Du Vorgaben im letzten Leben für ihn gemacht hast. Natürlich kannst Du ihm eine Art Blitzschulung mitgeben, da Du in gewisser Weise weiter entwickelt bist als im letzten Leben. Aber er hat z.B. die zu enge Röhre mit den Stauungen als letzten Eindruck von Dir. Folglich wird auch die Röhre, wenn Du wieder zurückkommst, nicht die allerweiteste sein.

W.W.: Baut er diese Röhre?

Etschewit: Zusammen mit den höheren Wesenheiten und auch mit Deinen höheren Wesensgliedern. Er bewahrt das Muster für alles. Er legt also das Muster, bewahrt das Muster auf, und er öffnet beim nächsten Leben das Muster wieder. Die Röhre ist in der größten Zeit zwischen Tod und neuer Geburt nicht existent, sondern nur eine gewisse Zeit nach dem Tod und eine gewisse Zeit vor der Geburt. Um es ins Bild zu bringen: Der Körperelementargeist hält das untere Ende, das irdische Ende dieser Röhre fest, während das obere Ende durch Deinen Schutzengel festgehalten wird. Wenn Du nun beschließt, Dich wieder zu inkarnieren, beginnt Dein Schutzengel, die Röhre wieder hinunterzustoßen. Der Körperelementargeist wacht aus seinem Pralaya – in diesem Fall der Ruhephase zwischen den Inkarnationen – auf und nimmt die kommende Röhre entgegen, aber er hat in seinem Sein die Bilder von Deinem letzten Dasein, von Deinem letzten Erdenleben, in sich. Das aus dem Himmel sich Hinuntersenkende formt er also so, muß er so formen, wie seine letzten Bilder gewesen sind. Beim Absteigen hast Du also oben die von Dir und von Deinem Engel geformten Bilder, und unten kann sich diese Röhre möglicherweise verengen, weil das letzte Leben noch problematischer gestaltet war und der Körperelementargeist nur die Bilder aus dem letzten Leben in sich trägt. Daher kommen dann die entsprechenden Stauungen in einem weiteren Erdenleben, Geburtsprobleme und ähnliches.

Meeresgötter

W.W.: Kannst Du das nun auf die Ölkatastrophe im Golf von Mexiko übertragen?

Etschewit: Bisher sind 780 Millionen Liter Öl in das Wasser geflossen. Obwohl dies sehr viel ist, muß man doch sagen, daß es wenig Öl gegenüber den Wassermassen ist. Wir sollten später noch einiges über den Golf von Mexiko besprechen.

W.W.: Könntest Du einmal vorab noch darstellen, was eigentlich ein Meeresgott ist?

Etschewit: Das ist ein wäßriges Ortswesen. Es sind Mitarbeiter von mir, welche für bestimmte Orte zuständig sind. Stell Dir den Wasserkörper der Erde wie ein großes Haus vor. Hier gibt es einen Haupthausgeist, der sozusagen ich bin. In meiner Nöck-Dimension, in der ich früher oft gesprochen habe, habe ich sozusagen mein Bett in meinem eigenen Haus. Dann bin ich Nöck in meinem kleinen Zimmer. Es gibt unendliche Mengen von Wasserhausgeistern, die in diesem großen gesamten Wasserhaus verschiedene Räume behausen, quasi als Hausgeister gewisser Wassergebiete. Einer ist für den gesamten atlantischen Ozean zuständig, und der hat wieder bestimmte Unterzimmer, bestimmte Buchten usw. – einen für die Nordsee und eben einen für den Golf von Mexiko.

W.W.: Wer ist jetzt der Gott des Golfs von Mexiko?

Etschewit: In allen Kulturperioden zu allen Zeiten haben die Menschen in einem gewissen Gebiet den Gott als Gott des Meeres bezeichnet, an dessen Meer sie lebten. Die Griechen erlebten den Meeresgott Poseidon im Mittelmeer, nicht bei Australien. Der Golf von Mexiko ist im Prinzip ein Krater.

Vor sehr langer Zeit, als die Saurier starben, schlug dort ein Meteorit ein, wodurch gewaltige Veränderungen erzeugt wurden. Aus den sich dadurch extrem verändernden Wasserbewegungen bildete sich der Golf von Mexiko. Der Golf von Mexiko ist also eine Stelle, an der außerirdische Mächte massiv eingewirkt haben. Diese Gegend der Erde hat es mit den großen Brocken; es ist die Stelle der Erde, wo alles etwas größer ist. Die Saurier waren an ein Ende gekommen, und die Erde brauchte einen neuen Entwicklungsschub in Richtung der anderen Säugetiere.

W.W.: Was geschieht mit dem Golf von Mexiko bzw. mit dem Wasser allgemein, wenn eine derart große Menge von Öl – 780 Millionen Liter – ins Wasser strömen?

Etschewit: Es wäre interessant zu wissen, wieviel Prozent des Wassers des gesamten Golfs von Mexiko das ist. Es ist immer noch eine Menge, die vor dem Komma eine Null hat.[3] Gott sei Dank, denn Fische und andere Meerestiere können im Öl nicht leben, vor allem nicht in diesem Rohöl[4]. Petroleum ist ja ein relativ dreckiges Öl, und bevor es als Benzin im Auto oder als Kerosin im Flugzeug landet, muß es viele Prozesse durchlaufen, damit es fein und verdunstungsfähig wird. Je flüchtiger ein Öl ist, desto leichter steigt es in der Wassersäule auf, da die eher flüchtigen Bestandteile nicht ölig sind. Und die flüchtigen Bestandteile können sich mit dem Wasser eher mischen. Von daher vermischen sich die schwereren Bestandteile des Öls, die teerigen Bestandteile, schwerer mit dem Wasser.

Schweröl kommt ohnehin nicht aus dem Bohrloch, denn Schweröl ist ein Bestandteil der Ölverarbeitung, aber das wird Dir Eulalia nachher wahrscheinlich genauer erzählen. Schweröl ist der Abfall bei der Benzinherstellung. Schweröl ist also kein Rohöl.

Die Hybris ist gewaltig

Das für mich hervorstechendste Merkmal dieser ganzen Ölkatastrophe im Golf von Mexiko ist, daß die Menschen ihre Technik nicht beherrschen. Hier liegt Hybris vor. Diese Hybris ist gewaltig. Zugleich spielt dort die Religion Technik eine große Rolle, denn ohne sie wäre diese Hybris nicht entstanden. Die Menschen, die dieses Öl haben wollten, glauben an Öl und an die Macht, die es ihnen gibt. Das ist kein technischer Vorgang, er ist nur von Technikern begleitet worden.

---

3   0,0003 % [Berechnung nach Angaben aus der Wikipedia. Red.]

4   Die Qualität des Rohöls im Golf von Mexiko entspricht wohl der Qualität West Texas Intermediate (WTI), ist also sehr hochwertig [Red].

W.W.: Was bewirkt der Glaube der Nordamerikaner und anderer Menschen an das billige Öl?

Etschewit: Er bewirkt, daß sich die Hybris so hochschraubt, daß die Menschen aus Glaubensgründen technische Projekte vorantreiben, welche die Technik eigentlich nicht hergibt. Die Triebfeder ist nicht die technische Machbarkeit, sondern der Fanatismus des Glaubens. Es ging hier nicht um die technische Machbarkeit, sondern es war politisch gewollt. Und so wurde die Technik gezwungen, etwas zu tun, obwohl man wußte, daß man nicht alles beherrschte. Man machte etwas Unerprobtes. Die Zweifel an der Durchführbarkeit sind durch Glaubensgrundsätze weggewischt worden, nicht durch logische und technische Überlegungen.

W.W.: Und durch die wirtschaftlichen Begleiterscheinungen, daß man Sicherheitsstandards nicht berücksichtigte.

Etschewit: Auch das, aber das sind pekuniäre Begleiterscheinungen, denn alle Sicherheitsmaßnahmen sind sehr teuer. Aber die Triebfeder dahinter ist auch der Glaube: Wir glauben daran, also machen wir es! Es ging hier nicht um das Können. Die Erdölförderung in der Tiefsee war also eine Glaubensfrage, keine technische Frage.

W.W.: Hätte man diese Bohrungen überhaupt nicht durchführen dürfen? Kann man dies hypothetisch überhaupt so beantworten?

Etschewit: Das kommt auf die Ebene an, auf der Du fragst. Auf der technischen Ebene hätte man es nicht machen dürfen, weil die eingesetzte Technik vorher niemals erprobt worden ist und eigentlich nicht ausreichte! Natürlich ist schon an anderen Stellen entsprechend gebohrt worden, aber man hat noch niemals unter einem derartigen Druck gearbeitet wie jetzt bei den Reparaturmaßnahmen. Was meinst Du, was Wasser wiegt! Das ist ein ungeheures Gewicht! Es gibt kaum Tiefseebohrungen, die in tieferes bzw. gleich tiefes Wasser in die Erde gebohrt wurden als durch Deepwater Horizon im Macondo-Ölfeld. Aber es gibt noch einige andere Stellen, an denen man einen derartigen Unsinn vorantreibt – auch hier wurde es nicht vorher erprobt. Das ist wiederum ein Hinweis auf den Glaubensansatz dieser Ölprojekte, daß man trotz fehlender Erprobung davon ausgegangen ist, daß es funktionieren wird. Man war davon überzeugt, daß das Öl freiwillig herauskommen würde, weil man daran glaubte.

Es ist heute technisch in fast allen Bereichen möglich, auf nichtölige Technologien umzustellen. Wenig ist noch auf Erdölbasis notwendig, damit technische Abläufe in eurer Technik gewährleistet sind. Fast alles ist mit anderen Techniken zu bewerkstelligen. Es ist meist nur teurer. Oft ist es auch aufwendiger. Hier kommt der Moment: Wir sind wie Gott, also holen wir alles Öl hervor. Und das ist kein technischer, sondern ein Glaubensansatz.

W.W.: Nun haben wir aber das Öl in unserer Gesellschaft zum Schmiermittel gemacht. Kann man die Frage beantworten – wenn man nur die letzten Jahrzehnte nimmt –, ob man das Öl unter dem Meer nicht hätte anrühren dürfen, im Gegensatz zum Öl in der Wüste? Oder läßt sich eine solche Frage nicht beantworten?

Etschewit: Es ist auch eine Frage, ob das in der Wüste auslaufende Öl nicht genauso schädigend ist wie das unter Wasser auslaufende Öl.

Ist das Höherstehende leidensfähiger?

W.W.: Aber das in der Wüste auslaufende Öl verbreitet sich nicht so stark wie das unter Wasser auslaufende Öl.

Etschewit: Der übliche Vorgang von Ölresten in der Wüste ist, daß diese abgefackelt werden. Sogar in kriegerischen Auseinandersetzungen gab es die Katastrophe des Anzündens fremder Ölquellen. Was ist schlimmer – wenn ihr die Luft oder das Wasser mit Öl verpestet? Ist es schlimmer, das Wasser mit nichtverbranntem Öl, oder ist es schlimmer, die Luft mit verbranntem Öl zu versauen? Ist es schlimmer, das Leben zu verunreinigen oder die Seele? Ihr Menschen neigt dazu zu sagen, daß es schlimmer ist, das Leben zu verunreinigen. Das liegt daran, daß man das Öl im Wasser sieht, während man das verbrannte Öl in der Luft nicht sieht; dort entzieht es sich euren Sinneswahrnehmungen. Das verklumpte Öl im Wasser und die toten Tiere drumherum machen euch schuldbewußt. Die Verbrennungsrückstände des Öls in der Luft nehmt ihr nicht wahr, folglich spricht es nicht euer Gewissen an.

Außerdem neigt der Mensch dazu zu sagen, daß das Höherstehende – das ist in diesem Fall die Seele – leidensfähiger ist; insofern denkt ihr, daß es fairer sei, das Höhere zu belasten als das Niedrigere. Das ist eine Haltung der Fairneß, die ihr Menschen habt, die in etwa sagt: Tiere quälen ist schlimmer als Menschen zu quälen. Beim Menschen sagt man auch, daß seelische Grausamkeiten nicht so schlimm seien wie physische Folter. Verbale Grausamkeiten werden

US Coast Guard - 100421-G-XXXXL- Deepwater Horizon fire

US Coast Guard - 100421-G-XXXXL- 003 - Deepwater Horizon fire

nicht so streng geahndet wie physische Schläge. – Vielleicht ist die Seele sogar leidensfähiger. Also belasten die Rückstände des Öls im Wasser euer Gewissen stärker als diejenigen in der Luft. Wie alles zu werten ist, bleibt eine Frage.

Euch Menschen erschüttern vor allem die mit Öl verschmierten Vögel, auch bei den schwimmenden Säugetieren und Fischen. Hier regt sich vor allem euer Gewissen.

Das Wasser bekommt mehr Bewußtsein

W.W.: Gehen wir noch einmal grundlegend voran: Was geschieht mit dem Wasser als Lebenselement, wenn eine derartig große Menge Öl hineinströmt?

Etschewit: Das Wasser wird weniger lebendig, stirbt partiell, und es wird seelischer. Wenn es seelischer wird, muß es ein bißchen sterben. Um eine höhere Stufe zu erreichen, ist immer ein Schwellenübergang notwendig. Jeder Schwellenübergang hat einen Anklang von Tod. Das Wasser bekommt mehr Bewußtsein.

W.W.: Was bedeutet es, wenn das Wasser mehr Bewußtsein bekommt?

Etschewit: Das ist eine Art Zwangsbewußtsein. Vor allem ist es ein Bewußtsein von seelischen Erinnerungszuständen, denn was dort herausquillt, ist nicht der momentane Seelenzustand, sondern sind Erinnerungen früherer seelischer Zustände.

W.W.: Kann man das in bezug auf den Menschen so vergleichen, wie wenn er ohne Vorbereitung ein totales Bewußtsein aller seiner früheren Erdenleben bekäme?

Etschewit: Ungefähr so ist es, denn auch einen solchen Schock, ein solches Bewußtsein kann man nicht ohne weiteres verarbeiten. Noch plastischer wäre es, wenn man schockartig die Seelenzustände um die Ohren geknallt bekäme, die man im letzten Erdenleben hatte. Dann müßte man sich damit auseinandersetzen. Oder die Seelenzustände fremder Menschen. Diese Seelenzustände liegen aber hinter einem, sie sind bearbeitet. So etwas bringt einen nicht weiter.

W.W.: Und was bedeutet das für das Wasser, wenn es auf diese zwangsartige Weise bewußter wird?

Etschewit: Durch die kleine Freiheit des Wassers und der Wasserwesen hat das Wasser ohnehin schon ein relativ hohes Bewußtsein.

Es hat in einem gewissen Umfang die Bereitschaft, sich gegen den Menschen aufzulehnen. Und der Grad dieser Auflehnung erhöht sich durch solche menschlichen Katastrophen, also die Bereitschaft des Wassers zu weiteren stärkeren Naturkatastrophen. Ferner wird es stärkere Taifune geben, die aber eine reinigende Wirkung haben, denn durch Luftbewegung und durch Licht, die in das Wasser kommen, wird das Wasser stärker gereinigt. Luftbewegungen aktivieren Kleinstlebewesen im Wasser, die das Wasser reinigen. Verschmutztes Wasser reagiert so gesehen also auch mit verstärkten Wirbelstürmen, und dies ist als eine Selbstreinigung, als eine Selbsthilfe zu sehen. Das Wasser braucht Lichtkräfte, die von hohen hierarchischen Wesen in das Wasser gewirbelt werden, damit das Wasser mit dieser Ölkatastrophe fertigwerden kann.

Außerdem muß man auch sehen, daß das Öl unter dem hohen Druck des Wassers stärker zur Vergasung neigt. Das Öl zersetzt sich und hört auf, Rohöl zu sein. Es macht ähnliche Vorgänge durch wie in einer Raffinerie. Dadurch wird aber das Wasser erheblich mehr verschmutzt, denn bei diesen Vorgängen können durchaus Mischungen, nicht nur Emulsionen entstehen. Die höherflüchtigen Bestandteile des Öls mischen sich eher mit dem Wasser.

W.W.: Und dadurch wird das Wasser noch mehr vergiftet?

Etschewit: Ja, und diese Bestandteile wirken nicht mehr so gewissensschlimm wie das schwerere Öl z.B. bei den ölverklebten Pelikanen. Denn leichtere Bestandteile, die sich teilweise auflösen, wirken auf Krill, Plankton und Phytoplankton. Phytoplankton sind die kleinsten Algen, Plankton sind die Kleinstlebewesen, welche das Phytoplankton zum Leben brauchen, und Krill sind die etwas größeren krebsartigen Tierchen, die vom Plankton leben. Diese Lebewesen sind die absolute Lebensgrundlage für die Fische und Meeressäuger. Diese Kleinstlebewesen nehmen die leichteren Öle auf, oder sie sterben daran. Alles geht dann in die Nahrungskette der größeren Tiere bzw. dahin, daß die größeren Tiere keine Nahrung mehr haben.

Dann fehlt die Weisheit im Wasser

W.W.: Was bewirkt die Ölpest für die Fische?

Etschewit: Sie werden vergiftet. Auch die Meeressäugetiere sterben schneller. Dadurch entziehen sich immer mehr mondenweise Wesen von der Erde, und dann fehlt die Weisheit im Wasser. Auf der einen Seite wird das Meer dann zwar bewußter, andererseits wird es weniger weise.

W.W.: Mit welchen Folgen für wen?

Etschewit: Daß sich das Wasser möglicherweise der kalten Intelligenz öffnet. Das wäre eine stärkere Ahrimanisierung des Meeres. Es wird dadurch dem Menschen feindlicher, wird dem Menschen noch weniger gewogen sein als zur Zeit. Zur Zeit ist das Meer den Menschen ohnehin nicht sonderlich gewogen, die Meeressäugetiere, wie die Robben, die Delphine und die Wale, sind aber dem Menschen eigentlich gewogen. Das sieht man auch an ihrem Spiel mit den Menschen. Wenn diese Wesen verschwinden, entschwindet auch Freundlichkeit aus dem Meer. Und dann kann die Unfreundlichkeit größere Räume einnehmen. Das heißt also, daß das Meer bewußter wird, gleichzeitig aber aggressiver.

W.W.: Aber Du und die anderen Wasserwesen sind doch keine ahrimanischen Wesen; wie ist es dann zu verstehen, daß das Wasser ahrimanischer wird? Werdet ihr dann auch ahrimanischer?

Etschewit: Wir sind keine ahrimanischen Wesen. Wir Meeresgötter sind aber nicht bis zur absoluten Selbstaufgabe Menschenfreunde. Es sollte euch durchaus klar sein, daß wir dafür da sind, das Leben an sich zu erhalten. Und das Leben an sich ist nicht nur für den Menschen da. Andere Wesen, vor allem künftige Wesen, haben ein Anrecht auf ein gesundes und sauberes Leben.

Was maßt ihr Menschen euch eigentlich an, das Leben an sich zu verändern?! Das geht nicht nach eurem Gutdünken. Ihr könnt nicht die sichtbare Form des Lebens verändern, denn nicht nur ihr lebt auf der Erde! Wenn ihr das Meer verändert, lassen wir eine bestimmte Aggression eher zu, denn wir bearbeiten nicht nur das menschliche Leben, sondern auch die Reinigungsprozesse, die dann das Meer braucht, um das Leben wieder einigermaßen an den Punkt zu bekommen, daß es auch für andere Wesen nutzbar ist.

W.W.: Und durch die stärkere Ahrimanisierung des Wassers wird es dann wieder gereinigt?

Etschewit: Eine der Aufgaben des Bösen ist die Reinigung. Denke nur an die Fliegen und ähnliche Tiere, die die Aufgabe haben, den ganzen Unrat der Welt fortzuschaffen. Wir Wasserwesen sind zwar keine ahrimanischen Wesen, aber wir werden dadurch für bestimmte

Gedanken Ahrimans zugänglicher. In gewisser Weise werden wir also vom Menschen vergewaltigt. Andererseits ist eine Bewußtseinserweiterung in den ahrimanischen Bereich hinein auch für uns bewußtseinserweiternd. Trotzdem ist dies grundgefährlich. Insofern haben wir zu diesen Tendenzen ein recht ambivalentes Verhältnis. Es ist sowohl angenehm als auch unangenehm.

Seine Seele ist sehr zornig

Aber ein Wesen wie der Meeresgott des Golfs von Mexiko ist momentan nicht sonderlich gut auf den Menschen zu sprechen.

W.W.: Hast Du mit ihm darüber geredet?

Etschewit: Ständig. Ich versuche, mit ihm Klarheit im Zusammenhang mit dieser Katastrophe und dem Gesamtzusammenhang der Weltentwicklung zu schaffen. Ich rede mit ihm so ähnlich wie mit Dir – bewußtseinsschaffend auf bestimmten Ebenen. Ich versuche zu erreichen, daß er die Katastrophe in gewisser Hinsicht relativiert. Ich versuche zu erreichen, daß er aus aufwallenden seelischen Regungen herauskommt, denn auch ein Meeresgott hat seelische Regungen. Ich versuche, bei ihm Bewußtsein für den Sinn und den Unsinn dieser Vorgänge im Zusammenhang mit der Ölpest zu schaffen. Ich versuche, sein Bewußtsein in Zyklen zu stellen, die sehr lang sind. Ich versuche, ihm die nächstgrößere Tür zum nächstgrößeren Zimmer aufzumachen. Das sind teilweise lange Gespräche, die in der Sprache des Mondes geführt werden.

W.W.: In welchem Zustand befindet sich dieser Meeresgott zur Zeit?

Etschewit: Momentan ist seine Seele sehr zornig. Wir müssen für die Zukunft umdenken, denn aufgrund der Freiheit des Menschen müssen auch wir unsere Konzepte verändern. Auch wir Wasserwesen haben ein Weltenkonzept, das gesamte Meer hat ein Konzept für seine eigene Entwicklung. Wenn aber nun so etwas wie diese Ölpest auftritt, was nicht von uns geplant worden ist, müssen wir unsere Planungen in Richtung Zukunft verändern. Wir müssen den neuen Situationen gerecht werden; das macht Streß.

Öl und Zukunft

Wolfgang Weirauch: Kannst Du was dazu sagen, was eigentlich geplant war und sich nun verändert hat?

Etschewit, der Nasse: Das betrifft z.B. die Zenoten. Das sind unterlandische, mit Süßwasser gefüllte Löcher und Kanäle, die besonders in Mittelamerika, vor allem auf der mexikanischen Halbinsel Yucatan, vorhanden sind. Diese unterirdischen Wasserkanäle haben eine spezifische Bedeutung. Sie stehen in direkter Verbindung mit dem Meer, auch wenn sie Süßwasser führen.

Vor etwa 1000 Jahren sind bestimmte Kultusformen in diese unterlandischen Seen eingezogen, um bestimmte Lebensformen zu erhalten. Und hier entstehen nun Probleme. Das spielt den dunklen Mächten in die Hände, die um die Zeitenwende in Mittelamerika gewirkt haben. Und hier gibt es also einen feinen Zusammenhang mit der Ölkatastrophe. Das liegt am Ort des Geschehens. Die negativen Kräfte haben in diesem Bereich eine ziemliche Dichte, und wenn dann noch die Hybris des Menschen hinzukommt, mit unerprobter Technik, wird die Wahrscheinlichkeit einer Katastrophe höher als woanders. Den Widersachermächten allerdings macht diese Katastrophe Freude.

Voodoo ist keine Folklore

W.W.: Was hätte die geistige Öffnung dieser Räume bedeutet, und was heißt es, daß diese Öffnung nun nicht mehr kommt?

Etschewit: Sie wird verschoben. Durch das Geschehen der dunklen Mächte in der Zeitenwende gibt es besonders im mittelamerikanischen Raum, vor allem auch in der Karibik, starke Kräfte, die eine permanente dunkle Macht beinhalten. Später ist Voodoo hinzugekommen. Voodoo ist eine echte Macht. Voodoo ist keine Folklore. Hier wird mit Kräften gearbeitet, die den Menschen nur bedingt gewogen sind. Sie sind teilweise schwarzmagischer Natur. Die Hauptorte des Voodoo – vor allem Haiti – liegen genau in diesem Raum.

Von mir, Etschewit, war eigentlich gedacht, Bewußtsein in der Menschheit für diese Kräfte zu entwickeln, denn eine der voodooartigen Bestrebungen ist es, nicht erkannt zu werden. Geistige Öffnung und Öffentlichkeit bedeuten zugleich auch immer, daß das Böse erkannt wird, und dieses Erkennen des Bösen ist immer der erste Schritt zur Überwindung des Bösen. Es ist zwar nur der allererste Schritt, aber immerhin einer der wichtigsten.

Angestoßen wurde dies durch Gespräche, die ich in der Osterzeit 2010 hier in der Mühle führte, und dieser Impuls sollte relativ schnell durch die Welt laufen, allein dadurch, daß diese Kräfte erst einmal ins Wort gekommen sind. Das wird dieser Impuls nun nicht mehr können. Zwar wird der Impuls laufen, denn die Worte sind gesprochen worden, aber durch das verdreckte Wasser im Golf von Mexiko wird er nicht ganz die ursprüngliche Schlagkraft haben.

Ich will damit aber jetzt nicht sagen, falls das so verstanden werden könnte, daß meine Worte über Voodoo der Auslöser der Katastrophe im Golf von Mexiko gewesen sind. Der Auslöser ist die Hybris der westlichen Wirtschaft. Durch diese Hybris werden die schwarzen Kräfte in diesem Raum sogar geschützt. – Es gibt esoterische Zirkel, die die Ölkatastrophe auf Einflüsse von Voodoo-Priestern zurückführen; und das ist nicht nur lächerlich. Durch das Verlachen von Voodoo arbeitet ihr der dunklen Seite zu. Andererseits soll man sie nicht überhöhen, sondern man sollte ein Bewußtsein für diese schwarzen Kräfte haben, die hauptsächlich das Ergebnis einer Entwurzelung sind. Denn ursprünglich sind die im Voodoo wirkenden Wesenheiten Familiengottheiten, Stammesgottheiten von Menschen aus dem westlichen Afrika, die genauso wie die Menschen während der Sklaverei entwurzelt wurden und in der Karibik schwarz geworden sind. In Afrika waren diese Stammesgottheiten einstmals weißmagische Wesen. Aber durch die Sklaverei sind diese Wesenheiten graumagisch oder gar schwarz geworden.

Wenn sogenannte wohlmeinende esoterische Zirkel behaupten, daß die Ölkatastrophe durch Voodoo ausgelöst worden sei, dann erzeugt das in diesen Kreisen ein ziemliches Gelächter, weil das zum Schutz ihrer schwarzen Wirkungen führt. Genauso wirkt das Lächerlichmachen; denn das Lächerlichmachen hilft immer der Seite, die lächerlich gemacht wird.

Trotzdem muß man immer betonen, daß die Hybris der westlichen Menschheit die Hauptursache dieser Katastrophe ist, der Glauben an die Machbarkeit jedweder Ölförderung.

Durch die Explosion ist eine neue Situation entstanden

W.W.: Hier entsteht bei mir eine grundlegende Frage: Die Menschen sind zwar frei, sie hätten diese Ölbohrungen wohl eher nicht machen sollen. Nun sind sie gemacht worden, die Katastrophe ist entstanden – wie ist hier eure Position? Müßt ihr jetzt tatenlos zusehen, was die Menschen angerichtet haben und welche Folgen dies zeitigt, oder habt ihr eurerseits Möglichkeiten, so zu wirken, daß das Loch gestopft wird? Gibt es Bestrebungen, damit dieses Loch einigermaßen schnell gestopft wird, oder geht so etwas überhaupt nicht?

Etschewit: Wir haben Einflußmöglichkeiten. Wir sind bevollmächtigt, das Leben selbst, aber auch die Meeresbewohner, wie die Fische und Meeressäuger, zu schützen. Insofern haben wir auch Möglichkeiten, die in dieser Weise wirkenden Menschen mit neuen Gedanken zu impulsieren. Diese Impulsierung erfolgt allerdings auch durch Wesen, die der dunklen Seite anhängen. Diese dunklen Wesen nehmen sich das Recht dazu. Sie impulsieren Menschen ungerufen. Es ist eine echte moralische Frage, ob es richtig ist, daß das Loch offen oder geschlossen ist.

W.W.: Das dürfte nicht einfach zu beantworten sein. Bevor es aufging, war es vermutlich richtig, daß das Loch zu war, und nun entsteht die Frage, ob es wieder geschlossen werden soll oder aufbleiben soll – ist das richtig?

Etschewit: Genau das ist die Frage. Insofern kann man eine solche Frage nicht mit Ja oder Nein beantworten. Durch die Explosion ist eine neue Situation entstanden. Wir impulsieren also nicht nur Menschen, dieses Loch auf irgendeine mehr oder weniger primitive Art zu verschließen. Denn das ist nicht die Lösung. Denn dann bohrt ihr das nächste Loch. Es kann also sein, daß durch eine Katastrophe auch etwas Neues und Gutes bewirkt wird; zumindest wird in bezug auf alle diese Bohrungen – und es gibt ja keineswegs nur die im Golf von Mexiko – Bewußtsein geschaffen. Jetzt schaut die Weltöffentlichkeit auf dieses Bohrloch und die entstandene Katastrophe. Und die Menschen merken auf, wundern sich und denken in großer Anzahl, daß dieses Vorgehen, diese Hybris, ganz an ihrem Bewußtsein vorbeigeglitten ist. Und nun kümmern sich die Menschen darum. Greenpeace und andere haben selbstverständlich ein Bewußtsein dafür gehabt, aber die Weltöffentlichkeit nicht. Das ist nun anders.

Öl und Politik

Obama kann seine Moral nicht leben

Wolfgang Weirauch: Vor dieser Katastrophe hatte Obama leider die Politik seines Vorgängers weiterverfolgt, indem er Tiefseebohrungen ausdrücklich erlaubte: „Drill, drill, drill…". Dann kam die Katastrophe, dann entstand in seiner Administration ein Umdenken, und es wurde in den USA auf zunächst sechs Monate ein Moratorium gegen Tiefseebohrungen beschlossen. Dieses Verbot wurde im Juni von einem amerikanischen Bundesgericht in New Orleans aufgehoben, da 32 Ölunternehmen geklagt hatten. Seitens der Regierung will man zwar gegen dieses Urteil Berufung einlegen, trotzdem kann man sehen, daß der Geist in den USA in die Richtung weiterer Tiefseebohrungen geht. Wie sind dieser Geist, das Moratorium und die Aufhebung dieses Moratoriums zu bewerten?

Etschewit, der Nasse: Das untermauert meine vorhin ausgesprochenen Worte, daß es bei Erdöl und den Erdölbohrungen nicht um reale technische Machbarkeit geht, sondern um Glaubensfragen. Hier geht es nicht um Können, sondern um Macht und Glauben. Erdöl ist eine derartig überhöhte Flüssigkeit, ein derart überhöhter Energieträger, daß es hier nur noch um Macht geht. Wer viel Öl hat bzw. seine Hand auf Ölvorkommen, hat in dieser Welt die Macht. Dem beugt sich euer gesamtes politisches System, speziell in den USA der jeweilige Machthaber. Ein US-Präsident kann gegen die Macht der Ölkonzerne nicht regieren. Das ist leider hoffnungslos. Er kann es zwar phasenweise versuchen, wird es aber nicht lange durchhalten können. Dazu ist das amerikanische politische System zu lobbyistisch aufgebaut. Auch in Mitteleuropa ist es kaum anders. Politik ohne die jeweilige Lobby ist nur sehr schwer möglich.

Wenn ihr das begreift, könnt ihr auch die Strukturen dieser Katastrophen besser durchschauen. Das Aufheben dieses Moratoriums durch das Gericht ist ein Schaustück dafür, wie eine Politik, die mit hehren Worten daherkam, die hehren Worte sogar ehrlich meinte, im Endeffekt von hintenherum durch andere Mächte ausgehebelt wird.

Wenn man das Urteil dieses Gerichts aus New Orleans anschaut und gleichzeitig den Gedanken der Dreigliederung hinzunimmt, dann ist hier etwas völlig entgleist. Wo steht denn ein solches Gericht?

Hier geht es gar nicht einmal um die Entscheidung der einzelnen Richter, sondern um die bereits vorhandenen Gesetze. Wenn die Gesetzeslage so ist, daß ein Gericht so entscheiden muß, dann ist die Grundlage für eine unabhängige Politik, für unabhängige Gerichtsentscheidungen, für eine lebenserhaltende Politik kaum möglich.

Auch die Natur hat Rechte

W.W.: Es gibt sogar Anthroposophen, die behaupten, daß ausschließlich Menschen Rechte hätten, nicht aber die Natur. Wie siehst Du das?

Etschewit: Selbstverständlich hat die Natur auch Rechte, wenn auch andere als die Menschen. Aber wenn ihr der Natur etwas abzwingt, wie z.b. bei dieser Ölkatastrophe, dann wird die Natur sich auch wehren. Denn die Natur ist ein Wesen. Zuviel Denken kann auch in eine Hybris führen. Wenn Du im Wolkenkuckucksheim ankommst – denk an das Gespräch mit dem Kuckuck (erscheint in „Tiere 5" im Sommer 2011, **W.W.**) –, dann wird auch etwas in der zweiten Silbe abgesaugt. Dann hast Du Dir vielleicht ein wunderschönes Gebäude zurechtgedacht, aber im Endeffekt ist es unmoralisch. Anzunehmen, daß die Natur keine Rechte habe, ist unmoralisch.

Das ist aber aus einer bestimmten Richtung heraus zu verstehen. Rechte haben nur Wesen, und die einzigen Wesen, die von vielen Menschen, leider auch einigen Anthroposophen, nur anerkannt werden, sind Menschen. Tiere sind schon kaum noch Wesen. Eine Katze wird vielleicht noch als Wesen erlebt, aber ein Regenwurm schon oft nicht mehr. Die Bäume, alle weiteren Pflanzen, die Häuser, die Tische und alle Gegenstände werden von vielen Menschen nicht mehr als wesenhaft erlebt. Es wird ihnen keine eigene Geistigkeit zugesprochen. Aus einer solchen Betrachtung heraus sind die einzigen Wesen, die etwas erleben können, die leiden können, die Menschen und vielleicht noch einige Tiere; vielleicht auch noch die Engel, aber die leben ja nicht in der materiellen Welt. Das ist noch nicht einmal pervers gedacht, denn es entspringt einfach aus der Unfähigkeit, Wesen wahrzunehmen. Solche Menschen können keine Wesen wahrnehmen außer sich selbst. Solchen Menschen kann man nur dadurch helfen, daß man sie mit nichtmenschlichen übersinnlichen Wesen konfrontiert.

Wesenhaft denken, nicht in Schubladen

W.W.: Aber ein Anthroposoph müßte so etwas doch eigentlich wissen und miteinbeziehen!

Etschewit: Eigentlich. Diejenigen, die ihr Aristoteliker nennt, leben aber mitunter zu sehr im Denken; sie kommen oft nicht bis zu den unterschiedlichsten Wesen. Sie kommen nur bis zu gewissen Schubladen.

Und insofern ist die Annahme irgendwo konsequent, daß nur ein Wesen ein Recht haben kann. Nur Menschen haben Menschenrechte, und nach dem Römischen Recht, das teilweise immer noch gilt, sind Tiere Gegenstände. Und Gegenstände können Menschen gehören. Wenn es Wesen wären, könnten sie Dir nicht wirklich gehören, könnte der Mensch nicht Eigentümer eines Tieres sein. Er kann zwar der Betreuer, der Hirte, der Führer von Tieren sein, aber nicht der Eigentümer.

W.W.: Die Rechte von Tieren und Menschen müssen ja nicht die gleichen sein, das würde nicht funktionieren; aber gewisse Rechte muß man allen Wesen zubilligen, jedem die seinen.

Etschewit: Aber erst einmal muß man allen Wesen die Wesenhaftigkeit zubilligen, sonst kann man ihnen keine Rechte geben. Aber man darf nicht übertreiben. Denn dann meint man, daß man keinen Regenwurm mehr tottreten dürfe; aber das würde auch wieder viel zu weit führen. Man darf es mit dem Wesenhaften der Wesen nicht übertreiben. Denn dann geht es so weit, daß man das Wesen der Lampe nicht mehr nutzt usw.

Öl und Vögel

Wolfgang Weirauch: Die Ölkatastrophe hat auch sehr auf die verschiedensten Vögel gewirkt, auf die Braunpelikane und Rötelreiher, auf Seeregenpfeifer und Scherenschnäbel u.v.m. Zehntausende der Wasservögel und Strandbrüter sind verendet, manche wurden gereinigt. Ob die gereinigten Vögel überleben können, ist fraglich, und man schätzt, daß bei einer Ölkatastrophe auf jeden gereinigten Vogel mindestens weitere 100 kommen, die sterben. Kannst Du hierzu einige Worte sagen?

Witschdeida, die Graue der Seevögel: Ich bin die Betreuerin der größeren Seevögel, z.b. der Pelikane. Seevögel sind besondere Vögel, weil sie kaum an Land leben. Das bedeutet, daß manche Vögel nur an Land kommen, um zu brüten, weil man auf dem Wasser bzw. in der Luft nicht brüten kann. Pelikane gehören zu den Vögeln, die einen großen Zeitraum ihres Lebens auf dem Wasser verbringen.

Seevögel repräsentieren die lebendigen Gedanken

Vögel haben einen besonderen Zugang zum Gedankengut, welches in der Gedankensphäre die Welt umgibt. Wenn man sich jetzt klarmacht, daß die Seevögel eine besondere Beziehung zum Lebendigen haben, weil sie auf dem Wasser leben, also zu den lebendigen Gedanken, dann kann einem einiges klar werden. Auch Goethe wußte schon um die Unterschiedlichkeit der Gedanken, wenn er z.B. von der grauen Theorie und des Gedankens Blässe sprach.

Seevögel repräsentieren also die lebendigen Gedanken, die sich mit den lebendigen Bereichen beschäftigen, während z.B. die Greifvögel die zupackenden Gedanken repräsentieren, und die negativen Gedanken werden z.B. durch Krähen und Geier repräsentiert, kleinere Gedanken durch Spatzen oder Kolibris.

Unter den Seevögeln gibt es sehr unterschiedliche Vögel, vom Albatros bis zur Seeschwalbe. Die Albatrosse repräsentieren mehr die großen weltumziehenden Gedanken, die Seeschwalben eher die kleineren Gedanken, die von den Küsten hin- und zurückfliegen. Wenn nun die einzelnen Vögel durch das Öl umkommen, wie z.B. die Pelikane, dann bedeutet dies, daß diesem Bereich

Ein ölverschmierter Braunpelikan vor und nach der Reinigung

Amerikas lebendiges Gedankengut entzogen wird. Lebendiges Gedankengut kann zur Zeit nur sehr schwer in diese Regionen kommen. Das führt bei den Menschen dieser Regionen zu einer Sklerotisierung dieser Gedanken. Es führt zu einer Entlebendigung der Gedanken.

Die Pelikankräfte stützen

Man müßte vielleicht einmal den Pelikan im Näheren befragen, für welche Gedanken er steht. Man müßte ihn befragen, welche astrale Geste er mitbringt. Wenn der Pelikan und seine astrale Geste im großen Umfang stirbt, wirkt das auf die dort lebenden Menschen so, daß diese Formen von lebendigen Gedanken massiv verlorengehen. Die Gedankenmuster der dort lebenden Menschen verändern sich, ob sie wollen oder nicht. Man kann dem natürlich entgegenarbeiten, wenn man sich das klarmacht, indem man bewußt den Pelikan ersetzt, indem man versucht, diese speziellen Gedankenkräfte, die der Pelikan repräsentiert, vom Menschen her zu denken.

Man kann von jedem Ort der Welt, also auch von Europa aus, solche lebendigen Gedanken denken. Man sollte sich dazu die Golfregion vorstellen, und dann kann man mit Gedankenkräften helfen. Man kann dadurch die Katastrophe nicht ungeschehen machen, aber man kann hilfreich eingreifen. Man kann von hier aus lebendige Gedanken in den Golf von Mexiko schicken, um z.b. die Pelikankräfte zu stützen, zu ersetzen oder ihnen zu helfen. Das kann und sollte der europäische Mensch tun.

W.W.: Hat der europäische Mensch auch Verantwortung, weil er Öl benutzt?

Witschdeida: Das meiste Öl, was vor der Küste der USA gefördert wird, wird auch dort verbraucht, es wird so gut wie nicht exportiert. Das dort geförderte Öl verbraucht dieser Kontinent selbst. Auch wenn es eine englische Firma ist, so sind die Bohrungen doch weitgehend für den nordamerikanischen Markt. Die Nordamerikaner sind trotz dieser ganzen Bohrungen nicht in der Lage, ihren Eigenbedarf aus ihren eigenen Quellen zu decken; sie kaufen weltweit zu. Von daher kann man zwar sagen, daß man als Europäer in einer Mitschuld steht, aber eigentlich ist diese Ölkatastrophe ein Aufruf an die bewußten und geschulteren Menschen auf dem nordamerikanischen Kontinent, dieser Katastrophe etwas entgegenzusetzen. Denn der Pelikan im Golf von Mexiko, also der Braunpelikan, hat einen Ortscharakter. Es ist eine dort hingehörende Vogelart. Und diese Vogelart stirbt jetzt in großen Mengen.

W.W.: Und was geschieht, wenn der Mensch einen von 100 Braunpelikanen reinigt und rettet?

Witschdeida: Er rettet ein wenig von der lokalen Art, und das ist aus meiner Sicht als Betreuerin der Seevögel eine sehr zu unterstützende Maßnahme. Wenn die Rettungsaktion dazu führt, daß Vertreter dieser Art auch in geringer Anzahl erhalten werden, können sich diese Wesen hinterher wieder vermehren; und das ist eine positive Wirkung in diesem lokalen Bereich. Die Frage ist nur, wie schnell ihr Lebensraum wieder sauber ist. Denn es nützt nichts, einen von 100 Vögeln zu reinigen und ihn ins dreckige Wasser zurückzuwerfen.

W.W.: Wie ist es für Dich, daß so viele Vögel aus Deinem Betreuungszusammenhang sterben?

Witschdeida: Traurig, sehr traurig.

W.W.: Hat es auch Wirkungen auf Dich?

Witschdeida: Ja, natürlich. Ich werde dadurch auch sklerotischer. Ich werde steifer. Das muß aber nicht auf Dauer so bleiben. Aber jetzt, wo so viele Tiere sterben, ist diese Sklerotisierung und Versteifung vorhanden. Es ist so, als wenn Du plötzlich Rheuma bekämest.

W.W.: Vielen Dank.

Witschdeida: Bitte.

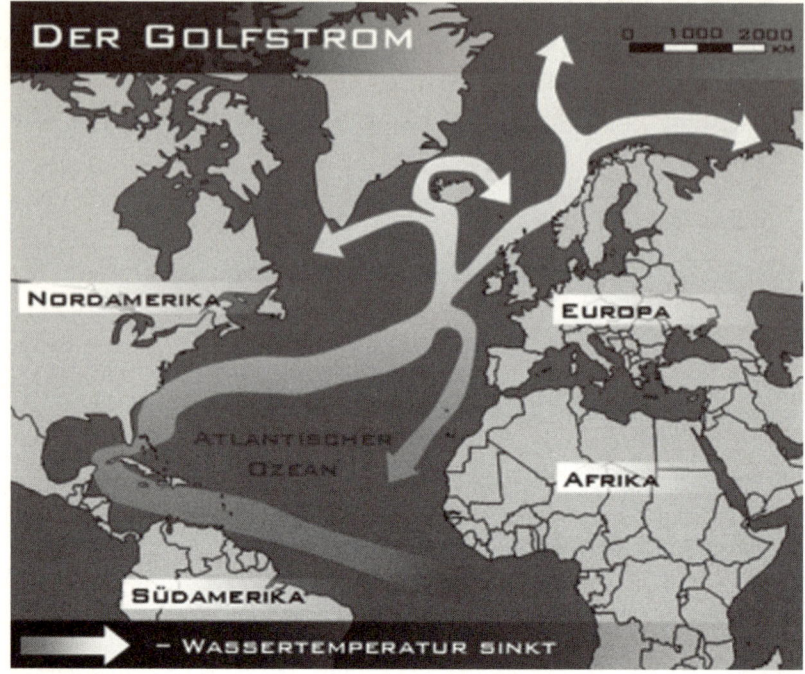

RedAndr

Öl, das Leben und das Ich

Wolfgang Weirauch: Wieder zu Dir, Etschewit; was verändert sich durch diese Ölkatastrophe für die gesamte Erde?

Etschewit, der Nasse: Das Bewußtsein der Menschen verändert sich durch diese Ölkatastrophe; wie schon angesprochen. Das ist eine positive Veränderung.

W.W.: Ich dachte eher an negative Veränderungen; was würde z.B. geschehen, wenn dieses Öl bis in den Golfstrom hineinkommt?

Etschewit: Das könnte passieren. Dann wird Europa auch ein wenig mehr sklerotisieren. Wenn sich Seelisches zu stark in Lebendiges hineinmischt, entstehen z.B. diese Sklerotisierungen. Europa ist aber weit weg, und unterwegs geschieht auch eine Menge. Mit Nordeuropa und England würde also etwas anderes geschehen als mit den direkt anliegenden Küsten der Vereinigten Staaten und Mittelamerikas. Aber passieren wird etwas! In bezug auf Europa wird es eine homöopathische Verdünnung geben, geleitet durch den Golfstrom, und dadurch wird sich in Europa relativ großräumig etwas verändern. Am meisten betroffen wird Großbritannien sein.

Das Bewußtsein für Lebendiges wird sich verändern

W.W.: Was wird sich verändern?

Etschewit: Das Leben. Das Bewußtsein für Lebendiges wird sich verändern. Was ist denn das Ozeanwasser? Es ist Salzwasser. Was ist der Unterschied zwischen Salzwasser und Süßwasser? Im Salzwasser ist Salz enthalten, und Salz ist der Bewußtseinsträger des Ichs. Durch das Salzwasser wird also das Lebendige mit Ichkräften durchdrungen. Dieses ichbewußte Leben versaut ihr gerade, und in einigen Jahren, ob ihr wollt oder nicht, ist dieser Dreck auch in Großbritannien. Dort wird sich also eine gewisse Schwierigkeit für das Ichbewußtsein ergeben, das Leben im Feinen weiterhin zu durchdringen. Es wird z.B. auf die Medizin in Europa große Einflüsse haben. Die Tendenzen für die unlebendige Medizin, für die Apparatemedizin werden verstärkt werden. Das ist auf jeden Fall schon abzusehen. Die esoterische Bewegung wird sich damit auseinandersetzen müssen, bewußt oder unbewußt, denn geistig strebende Menschen müssen mit ihren Ichkräften in ihren Lebensleib und physischen Leib hineinwirken. Esoterisch strebende Menschen werden hier gewisse Behinderungen erfahren; der Banker dagegen wird nichts merken. Der Esoteriker wird davon mehr merken, da er genau das tut, was das Meer ihm vormacht – das Ich in sich hineinwirken zu lassen, wohin auch immer.

W.W.: Das Meditieren wird also schwieriger?

Etschewit: Zum Beispiel. Es wird schwieriger, mit seinem Bewußtsein in seinen Lebensleib hineinzukommen. Es wird schwerer werden, seine eigenen Lebensprozesse zu beeinflussen. Und in diese Richtung sollt ihr ja gehen, denn ihr sollt das Bewußtsein auf langem Weg immer mehr in die Steuerung der Lebensprozesse hinbewegen. Ihr sollt diese Prozesse auch immer mehr dem Körperelementargeist abnehmen. Das wird aber zumindest vorübergehend schwerer werden. Allerdings kann auch ich nicht genau sagen, wie genau die chemische Umsetzung des Erdöls im Wasser erfolgen wird, in welcher Menge es mit dem Golfstrom nach Europa kommen wird, wie es sich auf der Reise verändern wird und in welchem chemischen Zustand es in Europa ankommt. Ich kann es ahnen. Aber ihr macht ja auch vieles mit Ölauffangschiffen, mit Chemikalien, insofern gibt es hier Komponenten, die nicht einmal ein Wesen wie ich genau voraussagen kann. Der Mensch steht als Faktor zu deutlich dazwischen.

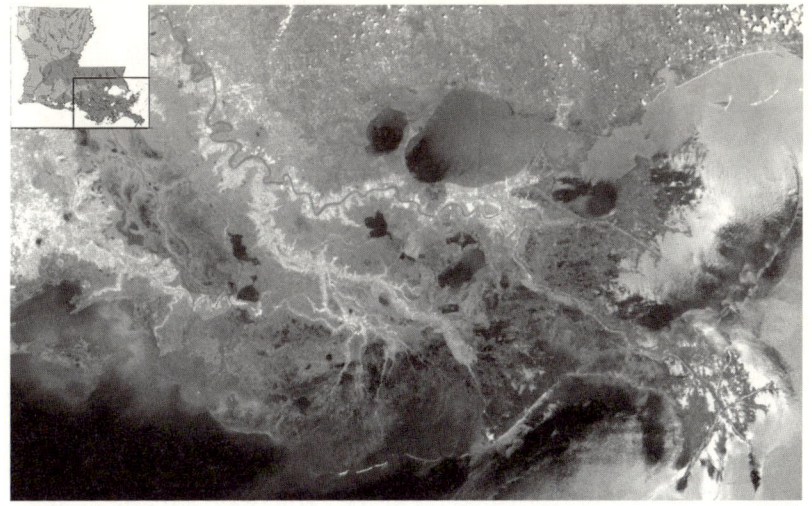

Flußdelta des Mississippi

Öl und das Mississippidelta

Wolfgang Weirauch: Das Mississippidelta ist eine besondere Land- und Wasserfläche, in der sich die Schwebestoffe des Flusses vor der Mündung ablagern, welche sich zunehmend in den Golf von Mexiko hineinschiebt. Dieses Delta ist etwa 12.000 km² groß und ist ökologisch ungeheuer wertvoll, z.B. durch die salzigen Marschlandschaften. Hier gibt es verschiedenste Fische, Krebse, Krabben und Garnelen, und nun droht diesem Mississippidelta durch die Ölpest eine ziemliche Katastrophe. Kannst Du etwas über die Auswirkungen der Ölkatastrophe auf dieses Mississippidelta sagen?

Etschewit, der Nasse: Verlandungsflächen sind Flächen mit einer besonderen Lebensfähigkeit, in der sich die Kräfte des Todes und des Lebens sehr nahe kommen, wie das in Mooren auch der Fall ist. Wenn in solchen Gebieten durch menschliche Maßnahmen sehr viel Leben stirbt, weil dem Leben durch die menschlichen Eingriffe die

Lebensmöglichkeit entzogen wird, ist das eine Hinführung dieser Bereiche bis hin zum Sklerotischen, bis hin zum Absterben.

Dunkelmagische Wesen ziehen ins Mississippidelta

Hier ergibt sich also die Möglichkeit, daß dadurch Gespenster und ähnliche Wesen viel mehr erzeugt werden. In diesem Fall kommt das absterbende Element durch das Öl, welches auf verschiedene Weise in dieses Delta eindringt, und dort schnüren sich aus dem Lebendigen dann die angesprochenen Wesenheiten ab. Aufgrund der vermehrten Sterbeprozesse siedeln sich dort Wesenheiten an, die weder richtig lebendig noch richtig tot sind. Das sind dann Ätherleibleichname, Astralleibleichname und gespensterartige Wesen. Und dies geschieht in einem Gebiet, welches ohnehin schon durch magische Kräfte stark beeinflußt und aktiv ist. Dunkelmagische Wesen finden dann in diesem Bereich mehr Leiber, die sie besetzen können; natürlich in einem nichtphysischen Sinne.

W.W.: Das betrifft aber den gesamten Golf, nicht speziell das Mississippidelta.

Etschewit: Einerseits ja, andererseits betrifft es das Mississippidelta besonders stark, weil dies ein Gebiet der Versumpfung ist. Durch das Verenden von vielen Tieren und Pflanzen können angesprochene dunklere Kräfte besonders viele Leiber finden, die sie besetzen, und durch die Ölkatastrophe verstärkt sich dies noch enorm. Der Anteil der sogenannten Untoten nimmt in diesem Bereich drastisch zu. Und das geschieht gerade in diesem Land-Wasser-Bereich. Wenn in diesem ohnehin schon dafür prädestinierten Land-Wasser-Bereich stärkere Todeskomponenten hineinströmen, verstärkt sich der Prozeß des Halbtoten.

W.W.: Sind die Marschlandschaften des Mississippideltas auch ähnlich wie die Marschlandschaften in Nordfriesland wie eine Art Hautorgan, durch das geistige Kräfte in die Landschaft einströmen?

Etschewit: Ja, und dieses Geistige kommt nicht mehr heran, zieht sich zurück, bzw. es strömen die noch nicht so richtig geistigen Kräfte hinein. Irrlichter, Gespenster, abgelegte Teile von Verstorbenen, die es nicht schaffen, in die geistige Welt zu kommen bzw. sich aufzulösen, finden in diesen Regionen mehr Zugriff, mehr „Lebensmöglichkeiten". Und da diese Gegend durch Voodoo ohnehin schon durch größere graue und kleinere graue Wesen durchsetzt ist, können auch diese sich besser inkorporieren. Im Grunde ist dieses Delta ein für Inkarnationsprozesse positiver Raum, wie alle Marschen und Überschwemmungsflächen, und der wird durch den künstlichen Tod, der durch das Öl hineingetragen wird, zu einem Bereich, in den negative Kräfte einströmen.

W.W.: Aber es gibt ja nur eine endliche Anzahl solcher übersinnlicher Leichname und Untoter und Reste. Die müssen ja sonst woanders sein. Gehen diese nun besonders in dieses Delta hinein bzw. in die ölverseuchten Gebiete allgemein?

Etschewit: Ja, sie werden von diesen Gebieten angezogen. Vielleicht werden sie nicht gerade aus unseren Gebieten bis in den Golf von Mexiko angezogen, aber in größeren Bereichen Amerikas sind dann weniger, weil sie sich im Mississippidelta konzentrieren. Es kann dann dort auch so eine Art dunkles Heer entstehen, weil sie sich dort konzentriert haben. Dadurch können Kräfte gebündelt und geführt werden.

Die Schaffung von ungeplantem Leben

W.W.: Man hat in die ölverseuchten Gebiete des Golfs von Mexiko riesige Mengen von Chemikalien gegeben, die das Öl mehr oder weniger zersetzen, aber vermutlich ihrerseits äußerst giftig sind. Wie ist so etwas zu bewerten?

Etschewit: Das ist eine Gewissensberuhigung für die Menschen, wenn das Öl dann nicht mehr sichtbar ist. Alles, was physisch nicht mehr wahrnehmbar ist, könnt ihr leichter verdrängen. Alle feineren Wirkungen und Vergiftungserscheinungen, die durch diese Chemikalien entstehen, sind außerhalb eurer Sinneswahrnehmungen und belasten euch dann nicht mehr. Alle ölbindenden Chemikalien verändern natürlich auch ihrerseits die Lebensprozesse. Diese Lebenskräfte sind dann nicht mehr die gottgewollten Lebenskräfte, sondern sind mit menschlichen Unzulänglichkeiten durchsetzt. Eigentlich sind sich Chemie und Leben sehr nahe, denn auch der chemische Äther ist etwas, was sich am Wäßrigen festmacht. Durch chemische Stoffe verändert ihr den chemischen Äther mit allen daraus folgenden Wirkungen auf die Lebensprozesse. Das Lebendige ist dann nicht mehr so, wie es ursprünglich schöpfermäßig gedacht war, sondern es beginnt so zu sein, wie ihr Menschen es unbewußt gestaltet. Zwar wollt ihr das Öl binden, aber ihr kennt nicht zusätzlich die Wirkung dieser Chemikalien auf den chemischen Äther. Dadurch schafft ihr anderes Leben, ungeplantes Leben. Diese Veränderungen werden kommen, und ob diese Veränderungen dann gut oder böse sein werden, überlaßt ihr dem Zufall. Wirklich beeinflussen, mit Bewußtsein, könnt ihr es nicht, denn ihr wollt vordergründig mit den Chemikalien etwas Gutes bewirken, das Öl binden; was dadurch aber auf das Leben rückwirkt, wißt ihr nicht.

W.W.: Wäre es besser gewesen, die Chemikalien nicht ins Meer zu geben?

Etschewit: Die Reinigungskräfte von Salzwasser sind enorm hoch, aber es wäre besser gewesen, wenn man sich mehr auf die Mechanik, auf das Einsammeln von Öl beschränkt hätte. Denn in diesem Bereich könnt ihr übersehen, was ihr tut.

W.W.: Kevin Costner, der Schauspieler, hat Boote entwickelt, die Öl und Wasser trennen, die auch in größerer Stückzahl jetzt eingesetzt worden sind.

Etschewit: Eine solche mechanische Trennung ist außerordentlich gut. Diese Technik beherrscht und überseht ihr. So etwas gehört zu den guten Maßnahmen, weil ihr Menschen diese versteht.

W.W.: Was sind ölfressende Bakterien?

Etschewit: Dies sind seelenfressende Bakterien. Es sind Lebewesen, die die seelischen Erinnerungen auf ein anderes Niveau heben, in einer gewissen Weise reätherisieren. Es sind keine ganz weißen Wesen. Sie wirken in diesem Fall allerdings positiv. Diese Bakterien wandeln die Öle vorerst in Lebensenergie um.

Was aber, wenn sich diese Bakterien sprungartig vermehren, weil sie so ungeheuer viel Nahrung finden? Was das nun wieder für Auswirkungen auf die anderen Bakterienstämme haben wird, ist schwer abzusehen. Ihr hofft, wenn das Öl aufgefressen ist, daß diese Bakterien absterben werden. Werden sie das auch wirklich? Alles ist wiederum ein riesiges Experiment.

Die Mitte finden

W.W.: Welche Auswirkungen hat die Ölkatastrophe auf die Naturgeister, speziell auf die Undinen?

Etschewit: Die Undinen müssen sich vermehrt mit Seelischem auseinandersetzen, sie werden in gewisser Weise versylpht, das heißt, daß sie auf eine schwere, auf eine irdische Art zu kranken Sylphen gemacht werden. Fröhlich macht die Undinen das nicht. Auch wenn die Selbstreinigungskräfte des Meeres fortschreiten, wird diese Bewußtseinsstufe der sylphenähnlich gewordenen Undinen bleiben und im gesamten Weltgeschehen weiterwirken. Zwar ist der Golf von Mexiko ein großes Gewässer, weltweit betrachtet ist er aber nur ein kleines Gewässer. Wenn man also diese veränderten Undinen über die Welt verteilt, mag es erst in langen Zyklen größere Wirkungen haben. Aber es wird dazu führen, daß die Undinen mehr und mehr ein Bedürfnis bekommen, eine höhere Stufe zu ersteigen, ihren untersten Leib abzulegen und sich dafür einen höheren Leib zu erarbeiten. Prozesse, die in der Weltentwicklung zu früh kommen, sind aber keineswegs immer positiv, auch wenn sie eigentlich richtige Prozesse sind.

Es gibt das Zu-früh-Kommen und das Zu-spät-Kommen. Die Aufgabe des Menschen ist es, die Mitte zu finden, sich an die Seite von Christus zwischen Luzifer und Ahriman zu stellen.

W.W.: Man kann in bezug auf Engel von einem gewissen physischen Leib in den Wettererscheinungen und vielleicht auch großen Wasserkörpern sprechen. Wenn nun auch der Golf von Mexiko eine Art physischer Leib eines Engels ist, was wird für diesen durch die Ölkatastrophe verändert?

Etschewit: Engel sind immer Schutzwesen. Die Engel, die in der Nähe der Menschen sind, die also mit den Gewässern zusammenhängen, verändern sich durch die Öleinwirkung gezwungenermaßen in ihrer Ausrichtung. Dies sind dann Engel, die die seelischen Komponenten der Menschen mehr betonen werden. Das bedeutet, daß sie die Erkenntnisseite der Menschen nicht mehr so sehr stärken werden. Sie werden eher die Lüste und die stärkeren Seelenregungen stärken.

Dori

Braunpelikan *(Pelecanus occidentalis)*

Pelikane

Gattungsname: Pelecanus

Wolfgang Weirauch: Du bist ein Pelikanengel? Guten Tag.

Samsonael, der Pelikanengel: Ja, so kann man mich in eurer Terminologie nennen.

W.W.: Pelikane gibt es ja fast auf der ganzen Welt, sogar in Europa gibt es noch einige der sehr vielen verschiedenen Pelikanarten. Viele Pelikane sind weiß. Kannst Du einmal ein wenig über diesen großen Vogel erzählen? Was ist das für ein Vogel?

Samsonael: Der Pelikan ist ein Wasservogel, der im und auf dem Wasser sehr elegant ist, an Land dagegen etwas unbeholfen. Ein Pelikan ist eigentlich ein Gruppenvogel, also ein Herdentier. Aber die Stückzahl dieser Herden bleibt überschaubar. Pelikane leben also in einer Gemeinschaft, nicht als Einzelgänger. Wenn Du den Pelikan beobachtest, wirkt er sehr intelligent, weil er sehr koordiniert mit anderen Pelikanen Fische treibt und fängt. Die Gruppe jagt, ist aber dabei sehr differenziert in ihrem jeweiligen Jagdverhalten. Bei dieser Jagd haben die einzelnen Gruppenmitglieder unterschiedliche Aufgaben; es ist fast etwas Wolfsmäßiges.

Bei allen Pelikanarten ist sehr auffällig, daß sie diesen großen Kehlsack haben, ferner große Füße und einen relativ langen Schnabel. Das ist das Pelikantypische. Der Schnabel ist ein Fischgreifschnabel. Die meisten Menschen sind verblüfft, wie groß Pelikane sind, wenn sie die Pelikane in der Natur sehen. Eigentlich ist der Pelikan nicht bunt, die meisten sind weiß, aber es gibt auch graue und braune und Pelikane mit schwarzen Zeichnungen. Der Pelikan hat aber nicht das Schrillbunte, wie z.B. der Eisvogel oder der Kolibri. Die meisten Pelikane leben in subtropischen Bereichen der Erde.

W.W.: Es wird gesagt, daß noch zur Zeit des Römischen Reiches an der Elb- und an der Rheinmündung Krauskopfpelikane lebten. Was ist in Europa anders geworden, seitdem diese Pelikane fort sind?

Samsonael: Ich antworte nur ungern. Weißt Du, warum?

W.W.: Nein.

Samsonael: Weil das wieder den Klimakatastrophengegnern Wind auf ihre Segel gibt, wenn ich nämlich jetzt sagen muß, daß es damals eine Periode gab, in der es in Europa deutlich wärmer war, dies aber ganz natürliche Ursachen hatte.

Hingabe

W.W.: Welche Eigenschaft bringt der Pelikan in die Landschaft?

Samsonael: Er bringt ein geführtes Gruppenelement und sehr viele Herzenskräfte in die Landschaft. Er symbolisiert Herzenskräfte und Hingabe. Wenn Du einem Pelikan beim Fischen und Jagen zusiehst, bemerkst Du eine deutliche Hingabe an diese Tätigkeit. Pelikane wirken sehr konzentriert, sie sind nicht flusig. Sie sind sehr konzentriert und hingegeben an das, was sie gerade tun. Genauso konzentriert und hingegeben sind sie beim Füttern ihrer Jungen; es hat immer die Geste einer ausströmenden Sympathie.

W.W.: Wenn der Pelikan zum Fliegen startet …

Samsonael: … dann braucht er dazu ganz lange, ehe er abhebt. Er ist ein sehr schwerer Vogel.

W.W.: Und er fliegt auch oft bis zu 24 Stunden. Kannst Du darüber einiges erzählen?

Samsonael: Auch in der Luft liegt viel Hingabe. Wer solche großen Startprobleme wegen seiner vorhandenen Größe hat, der vermeidet viele Starts. Deshalb bleibt der Pelikan lange in der Luft. Wenn sie erst einmal fliegen, fliegen die Pelikane lange. Sie starten grundsätzlich vom Wasser, laufen lange Strecken über das Wasser, brauchen dafür eine lange Startbahn, bis sie dann endlich in der Luft sind. Dann fliegen sie erst einmal, um sich zu erholen, in der leichter zu durchfliegenden Schicht über dem Wasser, bevor sie höher aufsteigen können. Wobei der Pelikan nicht dazu neigt, zu hoch zu fliegen. Er bleibt in Erdnähe.

W.W.: Was ändert sich für den Pelikan, wenn er vom Wasser abhebt und in die Luftschichten eintaucht?

Samsonael: Er erlebt, gerade weil es ihm eine so große Mühe macht, ganz intensiv den Elementenwechsel, die Aufgabe der Dichte gegenüber der Dünne der Luft. Im Fliegen fühlt er sich ganz stark eingebunden in alle guten Gedanken, die dort in der Gegend ziehen. Beim Schwimmen ist er dagegen eher in der Erhaltung seiner Körperlichkeit – im Schwimmen, Jagen usw. – drinnen. Aber im Fliegen taucht er sofort in den dort vorhandenen Gedankenstrom ein. Aufgrund seiner enormen Hingabefähigkeit gibt er sich an die guten Gedanken hin.

W.W.: In Indien geht der Pelikan eine Art Symbiose mit dem Menschen ein, ähnlich wie hier der Weißstorch. Er lebt quasi mit oder unter den Menschen. Welche Beziehung hat der Pelikan allgemein zum Menschen?

Samsonael: Die einzelnen Pelikan-Iche der verschiedenen Arten können aus einem gewissen Herzensbewußtsein heraus abspüren, in welcher Strömung die sie umgebenden Menschen stehen. Sie erleben den mitteleuropäischen Menschen als kühl und unfreundlich, der Natur nicht hingegeben, während sie in gewissen indischen Provinzen eine Seelenhaltung finden, die ihnen sehr entgegenkommt und die sehr intensiv und hingegeben mit der Natur in einem Wechselspiel lebt. Das betrifft nicht alle Inder; aber in gewissen Gebieten gibt es Menschen, die stark mit dem Wechsel der Natur, dem Monsunklima, leben, die in diesen Rhythmen eingebettet leben. Auch diese Menschen sind ganz selbstverständlich wie hingegeben an diese Naturzusammenhänge. Sie wollen die Natur nicht beherrschen, sondern mit ihr leben; und dem kann der Pelikan innerlich sehr gut folgen und kann deswegen zu diesen Menschen eine Beziehung aufbauen.

So gesehen hat der Pelikan eine gute Beziehung zu vielen indigenen Völkern, die alle noch mit der Natur leben. Die jetzt in Nordamerika lebenden Menschen haben das allerdings nicht mehr. Trotzdem fasziniert sie der Pelikan so, daß sie ihn teilweise in ihre Flaggen aufnehmen.

W.W.: Der Pelikan ist ein Ruderfüßer, kein Schreitvogel wie z.B. der Schuhschnabel; trotzdem meinen viele Menschen, daß Schuhschnabel und Pelikan doch eine gewisse Verwandtschaft haben. Was kannst Du dazu sagen?

Samsonael: Wenn Du die Kopfform anschaust, vor allem aber die Ruhe, die beide Vögel ausströmen, so gibt es hier Ähnlichkeiten. Das Problem ist aber, daß bei der von Dir angesprochenen Systematik nicht auf die Phänomenologie geschaut wird, sondern auf die genetischen Zusammenhänge, und die führen zu genetischen, nicht zu phänomenologischen Familien. Ihr Menschen traut mittlerweile mehr euren Meßgeräten als euren Augen. Ihr solltet die Familien nicht nur durch eure Messungen gruppieren, sondern mehr durch eure Augen. Bei der reinen Messung überseht ihr, daß Wesen, die nicht genetisch verwandt sind, doch das Typische für eine Landschaft übernehmen. Man kann die Tiere über die Aufgaben, die sie haben, charakterisieren, andererseits über die Gene – und beides kann sehr widersprüchlich sein. Aus Sicht von uns Tierengeln ist es aber sinnvoller, die Aufgaben zu betrachten, nicht die Genetik.

Die Hingabe des Christus

W.W.: In der christlichen Ikonologie kommt der Pelikan vor, und zwar in frühchristlichen Ikonen, auf denen der Pelikan so dargestellt wird, daß er mit seinem Schnabel seine eigene Brust öffnet, um seine toten Jungen wiederzubeleben, und zwar mit dem eigenen Blut. Dies wurde dann mit dem Opfertod des Christus gleichgesetzt und auch oft in der christlichen Kunst als Motiv verwendet, ferner als Symbol für das Abendmahl auf dem Kelch. Kannst Du zu diesen Symbolen von Totenauferstehung in bezug auf den Pelikan etwas sagen?

Samsonael: Das ist ein gerechtfertigter Zusammenhang, denn der Pelikan steht in der gleichen hingebenden Geste wie der Christus mit seiner Hingabe an die gesamte Welt. Christus hat sich an die Erde hingegeben. Darin liegt eine gewaltige Hingabe. Diese Hingabe lebt der Pelikan in seiner Seelengeste, insofern hat er eine intensive Beziehung zu der Hingabe der Christusfähigkeit. Rein biologisch ist es natürlich nicht so, daß er seine Brust öffnet oder sein Herz verfüttert.

Das Bild ist u.a. dadurch entstanden, daß die Pelikane diesen enormen Kehlsack haben, in den sie das Futter für ihre Jungen hineingeben und in welchen die jungen Vögel hineinpicken. Dieser Kehlsack ist von innen gesehen rot. Es ist eine stark durchblutete Schleimhaut, und wenn man noch nicht so stark im naturwissenschaftlichen Denken verfangen ist und diesen Vorgang anschaut, könnte man zu der Anschauung kommen, daß der Pelikan sein eigenes Inneres verfüttert. Tut er aber nicht; er hat sozusagen nur einen riesigen Mund. Aber auch hier liegt die ungeheure Hingabe des Pelikans an sein Tun. Beide Bilder zusammen haben eine enorm christliche Geste.

Gerade diese Vögel sterben natürlich bevorzugt durch den Egoismus der Menschen. Die Pelikane sterben besonders zahlreich bei dieser Ölpest; und die Fischer sehen in den Pelikanen starke Konkurrenten und bekämpfen sie. Der Pelikan braucht viele Fische für sich und seine Jungen zum Überleben.

Braunpelikane

W.W.: Im Golf von Mexiko lebt der Braunpelikan, ein kleinerer Pelikan. Er ist der einzige, der nicht in Gruppen jagt, sondern von

Kolossos

Braunpelikan bei der Jagd

etwa 10 Metern Höhe in einem Stoßtauch senkrecht auf das Meer schießt. Warum jagt dieser Braunpelikan so?

Samsonael: Macht er das schon immer so, oder macht er das erst, seitdem mitteleuropäische Menschen dies beobachten? Der Braunpelikan ist auf jeden Fall der egoistischste Pelikan, er ist am meisten Egoist. Deswegen jagt er alleine, deswegen vollzieht er auch die Stoßjagd, ist von seiner Gestalt her auch kleiner. Im Laufe der Zeit hat sich dieser kleinere Körper ausgebildet, und dieser ist leichter zu erhalten. Da er nicht weiß ist, ist er auch nicht so stark an das Licht angeschlossen, auch nicht so stark an das Christuslicht.

Braunpelikane gibt es nur in Amerika, in der Gegend des Golfs von Mexiko bis nach Venezuela, und am Pazifischen Ozean von Nordkalifornien bis nach Chile. Er lebt also in dem Teil der Welt, wo starke antichristliche Gegenkräfte zur Zeit des Ereignisses von Golgatha möglich waren. Damals ist eben nicht die Hingabe gelebt worden. Das hat diese Pelikanart geprägt.

W.W.: Die Braunpelikane nisten auf Bäumen und Sträuchern entlang den gesamten beiden amerikanischen Küsten, nur just in Peru nicht. Zwar lebt dort eine Unterart, aber sie zählt zu den Braunpelikanen. Warum nisten diese Pelikane in Peru nicht auf Bäumen?

Samsonael: Diese Unterart hat ein eigenes Gruppen-Ich, es ist also eine deutlich abgesetzte Subspezies, wie ihr das in eurer Systematik nennt. Sie gehören zum alten antiken Sonnenkultus Perus, der beinhaltete, daß man nachts die Sonne an einen großen Felsblock, also an den Boden, festmachte. Darin lag die Geste, immer der Sonne zu folgen. Auch diese peruanischen Braunpelikane haben die Hingabefähigkeit, ähnlich wie früher die Menschen dort, in bezug auf die Sonne. Und deswegen legten sie sich wie die Sonne, die am Boden festgemacht wurde, zum Nisten auf den Boden. Das ist der tiefere Hintergrund.

An die Gifte hingeben

W.W.: Diese Braunpelikane im Golf von Mexiko sind bereits zum zweiten Mal von menschlichen Giften betroffen worden. Vor vielen Jahrzehnten waren sie durch Pestizide, wie z.B. DDT, stark gefährdet, mit der Folge, daß die Eierschalen nur noch sehr dünn waren und die Pelikane stark dezimiert wurden. – Auch im Donautal gab es übrigens noch im 19. Jahrhundert zwei Millionen Pelikane, heute sind es nur noch etwa 100 Tiere. Wegen dieser starken Dezimierung der Pelikane in den USA hat in den USA in der Bevölkerung eine Gegenbewegung eingesetzt, die Pelikane zu schützen, so daß sie sich wieder ziemlich stark vermehrt haben. Kannst Du zu diesem Zusammenhang etwas sagen?

Samsonael: Es gibt viele Menschen in den Vereinigten Staaten, die ein positives Menschenbild haben, die ein positives Naturbild haben, die sich stark engagieren. Oft gelten die US-Amerikaner bei euch in Europa nur als egoistische oder ignorante Menschen; das ist aber überhaupt nicht der Fall. Es gibt viele engagierte Menschen, die sich bemühen, den Schaden, den andere angerichtet haben, wieder auszubügeln.

In der starken Aufnahmefähigkeit von Giften liegt auch wieder die Hingabefähigkeit des Pelikans; er gibt sich eben auch sehr an die Gifte hin. Das, was er aufnimmt, nimmt er mit Hingabe auf. Und damit durchdringt es ihn völlig. DDT durchdringt den Pelikan so vollständig, daß er nicht mehr in der Lage ist, dickere Eierschalen zu bilden, und er kann die Eier nicht mehr ausbrüten, weil sie gleich kaputtgehen. Wenn sich ein Tier einer astralen Geste verschrieben hat, dann lebt es in dieser astralen Geste sehr absolut. Dies ist in diesem Fall die Hingabe, und man kann sich eben auch an Gifte hingeben.

Herzzerreißend

W.W.: Jetzt bei der Ölkatastrophe hat man in den Medien viele Bilder mit völlig ölverschmierten Pelikanen gesehen. Sicherlich sind genauso viele andere Vögel betroffen, aber bei den Pelikanen fällt es besonders auf, weil sie so groß sind. Diese ölverschmierten Pelikane gehören mit zu den traurigsten Gestalten, die ich je gesehen habe. Wie ist das für euch?

Samsonael: Wer durch die unreinen Seelengesten des Öls verschmiert wird, der stellt bereits als Symbol etwas sehr Berührendes, äußerst Trauriges dar. Die Hingabe des Christus, verschmiert mit den unreinen Seelenregungen des Öls, ist bereits in der Symbolsprache herzzerreißend. In der Realität aber ist dies wiederum ein Schrei an die Menschheit: Hört auf mit so einem Unfug, die Natur dermaßen zu vergewaltigen! Ihr zerreißt im Endeffekt damit irgendwann euer

International Bird Rescue Research Center
Ölverschmierte Braunpelikane

eigenes Herz. Insofern sind die Iche der Pelikane in einer gewissen Weise bereit, daß ihre einzelnen Tierwesen etwas aushalten, was hoffentlich viele Menschen anregt zu sagen: Stop! Ich will kein Erdöl aus Tiefseebohrungen! Gestoppt werden kann es nur durch Menschen.

Ihr seid ja so stur, wie ihr sein müßt, denn sonst könntet ihr euch nicht inkarnieren, und so stolpert ihr von Naturkatastrophe zu Naturkatastrophe und ändert euch nicht sonderlich; aber wenn es keinen Markt für einen Stoff wie das Öl mehr gibt, dann wird es Änderungen geben. Wenn die Menschen marktrelevant Öl aus Tiefseebohrungen ablehnen würden, würden die Konzerne aufhören, in der Tiefsee zu bohren. Denn dann bekommen sie nicht mehr das, was sie haben wollen: Geld und Macht. Nur ist es wegen des religionsartigen ikonenhaften Charakters des Erdöls ein mühsamer Prozeß. Diejenigen Menschen, die das Moratorium in den USA in bezug auf die Tiefseebohrungen gekippt haben, erleben sich selbst allerdings nicht als schlechte Menschen. Sie haben auch alle nicht nur Dollarzeichen in den Augen.

Den Seelenschlamm umwandeln

W.W.: Christus hat mit seinem Auferstehungsleib die physisch-ätherische Welt durchdrungen und verlebendigt, nicht aber die seelischen Bereiche des Menschen. Wie stehen hierzu die Seelenreste, die als Erinnerung mit dem Öl verbunden sind?

Samsonael: Dieser Seelenschlamm ist der Bereich, der an euch Menschen eine Aufforderung ist, aktiv einen Geistesleib zu bilden, mit dem ihr dann mit euren Seelenkräften die abgelagerten Seelenreste bearbeiten und aufarbeiten solltet. Im menschlichen Seelenleben steckt sowohl die Empfindung für Schönheit, als auch die Empfindung für Häßlichkeit. Schönheit und Häßlichkeit der Kunst kannst Du in Deiner Seele erleben, während Dein physischer Leib nicht auf Kunst reagiert. Deine Seele hat das Schönheitsempfinden. Die Seele des Menschen ist jetzt und in Zukunft daran schaffend – vor allem durch die Arbeit des Ichs –, die unbewußten Seelenteile so umzuarbeiten, daß höhere Geistesglieder, wie z.B. das Geistselbst, erarbeitet werden, daß diese einziehen können. Wenn Du Deinen Astralleib nicht umwandelst, kann das Geistselbst bei Dir nicht wirksam werden, findet es keinen Erdenraum, in den es hineintreten kann. Dafür brauchst Du die gewandelte Seele.

Das bedeutet, auf die gesamte Menschheit hin betrachtet, daß sie die Gesamtheit ihrer Seelen erdenweit so durcharbeiten müssen, daß der angesammelte Seelenschlamm der gesamten Menschheit und Erdenentwicklung so umgeformt werden muß, daß der Geistselbstträger auf der Erde erscheinen kann. Das ist nicht der Christus! Der Geistselbstbringer ist derjenige, der im Evangelium immer wieder angekündigt wird, der da kommen werde, wenn der Christus da gewesen sei.

W.W.: Du denkst an den Heiligen Geist?

Samsonael: Jawohl! Pfingsten! Insofern ist Deine Einlassung richtig, daß gerade Christus dem Menschen die Aufgabe gestellt hat, mit seiner Seele selbst aktiv zu werden, eine seelisch-geistige Beziehung zum Christus zu erarbeiten. Denn Christus ist eigentlich der Fürst der Seele. Die menschliche Seele hat die Aufgabe, angeregt durch das Ich, selbst und gestaltend tätig zu werden und die Erde für den Geist zugänglich zu machen.

W.W.: Wenn der Mensch also seine Seele durchchristet, so hätte dies eine bereinigende Wirkung auf den Seelenschlamm, der mit dem Erdöl verbunden ist?

Samsonael: Ja! Es würde Erdölschlämme abbauen. Aber dazu braucht ihr die Seelengeste der Pelikane, die Hingabe. Ihr braucht die Hingabe in allen euren Tätigkeiten. Ihr solltet nicht alles in eurer Zersplitterung nur nebenbei machen. Mache das, was Du tust, mit Hingabe! Folge hier dem Pelikan!

W.W.: Vielen Dank! Wenn man die Eigenschaft nimmt, die Du speziell vertrittst, so steht hier sicherlich die Hingabe?

Samsonael: Ja, speziell die Hingabe an das Tätigsein.

W.W.: Möchtest Du den Menschen noch etwas sagen?

Samsonael: Fordere die Hingabefähigkeit Deiner Seele. Auch das wird Dich dem Christus um einiges näher bringen.

W.W.: Vielen Dank!

Samsonael: Schützt die Pelikane!

© Jedermann

Lösch

Erdölpumpe in Wietze

Öl über sich selbst

Wolfgang Weirauch: Dann kommen wir zu Dir, Eulalia, bist Du da?

Eulalia, die Erdölbewacherin: Bin ich endlich an der Reihe?

W.W.: Ja, nun ist es soweit. Kannst Du Dich ein wenig beschreiben?

Eulalia: Ich bin eine Norddeutsche. Ich gehöre zum Bereich der Lüneburger Heide, denn hier gibt es Erdöl. Ich gehöre zu den norddeutschen Erdölwesen, vor allem hier im Raum der Lüneburger Heide. Als Deutschland versuchte, autark in der Welt zu sein, wurde der Abbau dieses Öles stark gefördert; die Vorkommen hier sind aber schwierig, zum Teil auch sehr tief, zum Teil nicht sehr ergiebig, und deswegen geschieht heutzutage nicht mehr so sehr viel. In der Zeit des Dritten Reiches wurde noch versucht, möglichst viel Öl aus den Böden zu holen; es wurde die schwierige Förderung der Ölsande sehr gepuscht, aber heutzutage ist anderes Öl viel billiger zu gewinnen.

Tief unten liegt hier allerdings noch viel Öl, aber so tief, daß ihr dort technisch kaum hingelangen könnt.

W.W.: Kannst Du einmal erzählen, wie Erdöl in der Entwicklung unter Druck und Luftabschluß entstanden ist?

Eulalia: Es gibt immer einmal wieder geistig gewollte Klimawandlungen. Solche Wandlungen haben auch in großem Umfang die Erdoberfläche verwandelt, indem z.b. die Meeresspiegel durch Eisbildung gesunken sind oder indem sie gestiegen sind, als das Eis auftaute. Dadurch sind stark bewachsene Flächen unter Wasser gekommen. Wenn etwas unter Wasser gerät, ist die Rotte unter Luftabschluß völlig anders. Öl entsteht interessanterweise nur dort, wo keine Luft hinkommt. Das klingt komisch, weil Etschewit u.a. erläutert hat, daß Öl mit der Seele zusammenhängt, und warum entsteht dann gerade Öl unter Luftabschluß, obwohl die Luft mit dem Seelischen zusammenhängt? Öl ist ein astraler Rest. Öl ist entstanden, ohne daß die sich wandelnde Astralität anderer Orte das Öl erreicht hätte. Auf der einen Seite entsteht Torf, wo Luft noch in einem gewissen Umfang herankommt, die Pflanzen gehen dort in einen Vertorfungsprozeß. Wenn dann noch Druck ausgeübt wird, wandeln sich die nicht rottenden Pflanzenfasern durch den Druck in Erdöl. Das ist an vielen Stellen der Erde so geschehen. Öl ist unter anderem durch Absenken von Algen entstanden. Die Ölvorkommen sind sehr verschieden. Es gibt Blasen, in denen Öl wie in einer Dose vorkommt, und zwar als Flüssigkeit, als unterirdischer See. Dann gibt es Ölsande, wo Öl und Sand gemischt sind, wo sich also Öl in den Zwischenräumen des Sandes befindet, und dann gibt es noch Ölschiefer, wo sich das Öl in den Zwischenräumen des Gesteins befindet. Das sind die drei Hauptformen, in denen Öl vorkommt.

Öl steigt nach oben

Da das Öl unter Druck entstanden ist, vor allem durch darüberliegende, aber nicht mit dem Öl in Verbindung stehende Meere, aber auch durch geologische Vorgänge, indem sich z.B. Landflächen und Gebirge darübergeschoben haben, durch die Bewegung der Erdplatten, hersch im Regelfall in den Ölkavernen Überdruck. Das ist einer der Gründe dafür, daß es bei der Tiefseebohrung im Golf von Mexiko zu solchen Problemen kam. Denn durch die Öffnung dieser dort unten befindlichen Dose kann der Druck entweichen, und daher ist bzw. war man bestrebt, die Entlastungsbohrungen anzubringen. Damit soll der Druck in dieser Dose abgebaut werden. Wenn man eine solche Kaverne öffnet, geht der Druck, der einst nötig war, damit das Öl entstehen konnte, wieder heraus. Dadurch hat das Öl die Tendenz, nach oben zu steigen. Erdölförderung ist nur dadurch möglich, daß Erdöl nach oben kommen will. Sonst müßtet ihr etwas reinpressen, damit es aufsteigt. Das wird bei sich leerenden Kavernen durchgeführt.

W.W.: Das geschieht in der 2. und 3. Phase einer Ölbohrung. In der 1. Phase kommt das Öl durch natürlichen Druck des eingeschlossenen Erdgases nach oben, in der 2. Phase werden Wasser oder Gas in das Reservoir eingeführt und so das zusätzliche Öl gefördert; in der 3. Phase kann man noch Substanzen wie Dampf, Chemikalien oder CO_2 einspritzen, damit der Rest des Öls noch einmal gefördert werden kann.

Eulalia: Genau, aber zuerst nutzt ihr den eigenen Druck des Öls. Ein für mich faszinierender Aspekt bei der Bohrung im Golf von Mexiko ist, daß gesagt wird, daß man geologisch nicht genau erkennen könne, was dort unten vorgeht, weil eine seismisch nicht zu durchdringende Salzschicht darüberliegt. Eure seismischen Sensoren sind Geräte, die mit ganz tiefen Tönen aus dem Untergrund Echos erzeugen. Durch die Veränderungen der Echos kann man Rückschlüsse auf die Dichte des Materials und daraus Informationen über die geologische Formation des Bodens erhalten. Die Untersiede inerhalb der zurückkommenden Echos enthalten also die geologischen Informationen. Das nennt Ihr Menschen Seismik.

Man sagt also, daß diese Salzschicht seismisch nicht zu durchdringen ist. Woher wußten die Menschen aber vor der Bohrung, daß dort unten Öl ist, obwohl man es seismisch nicht durchdringen kann?

W.W.: Stimmt hier einiges nicht?

Eulalia: Vermutlich ist hier auch mit Desinformation gearbeitet worden. Wenn man weiß, daß dort unten Öl ist, muß man es auch geologisch erfaßt haben; es sei denn, man hat auf Verdacht gebohrt. Es gibt natürlich Erfahrungen, daß man bei dieser oder jener geologischen Stufung unter Salz Öl gefunden hat, so daß man auch hier vermuten konnte, daß dort Öl sei. Immer, wenn man gleiche geologische Formationen findet, kann man annehmen, daß darunter auch Öl ist. Das wäre eine denkbare Interpretation. Außerdem hattet man durchaus schon im Golf von Mexico an diversen anderen Stellen Öl gefunden.

Genauso ist es aber auch möglich, daß man nur vorgibt, unter diese Salzschicht nicht schauen zu können, um zu verhüllen, daß man Unsinn gemacht hat. Auf jeden Fall gibt es hier ein Informationsgemenge, welches aus einem Gemisch von Lügen und Tatsachen besteht, um der Öffentlichkeit Öl in die Augen zu streuen.

Natürlich gibt es seismisch dichte Schichten, die ihr mit euren Geräuscherzeugern nicht durchdringen könnt. Soweit ist die technische Information richtig. Wenn man aber andere Frequenzen nimmt, kann man stark vermuten, daß im Boden Erdölblasen vorhanden sind. Beides ist möglich; aber ganz genau zu wissen, was in den Blasen enthalten ist, ist nicht möglich. Die Wahrscheinlichkeit, daß in solchen Blasen Erdöl enthalten ist, ist allerdings groß. Normalerweise werden erst, so wie auch in diesem Fall, den dieses war eine solche, Probebohrungen durchgeführt. Ich erzähle soviel darüber, weil die meisten Menschen davon keine Ahnung haben, obwohl sie ständig Öl benutzen. Aber wie das Öl nach oben kommt, wissen die wenigsten Menschen.

Seelenregungen der unreinen Art

W.W.: Warum ist Erdöl eigentlich schwarz?

Eulalia: Erdöl ist schwarz, weil es ohne Licht entstanden ist. Dunkelheit und Schwärze sind die Abwesenheit von Licht. Die Farbe des Erdöls variiert aber von hellbraun bis schwarz, je nach dem von welchem Ort es stammt

W.W.: Salz ist auch da unten, aber das ist weiß.

Eulalia: Das stimmt. Erdöl ist ohne Luft entstanden, und Luft ist die Trägerin des Lichts. Es ist also ein Vorgang, der ohne jegliche Durchlichtung entstanden ist. Schwarz ist auch ein Hinweis darauf, daß die darin enthaltenen Kräfte nicht geführt sind. Sehr anthroposophisch könnte man dies auch Seelenregungen der unreinen Art nennen. In diesem Weltengedächtnis des Erdöls ist auch alles das an Seelenregungen aufgezeichnet, was noch geistig völlig unbeherrscht, ungeführt ist bzw. war. Auch daher resultiert die Schwärze. Bei dünnflüssigem Erdöl tritt die Schwärze auch nicht so stark auf, dann wird es bernsteinfarben. Das ist ein Zeichen dafür, daß hier schon etwas mehr Licht herangekommen ist.

Etschewit sprach schon von der Verknüpfung der Macht mit dem Erdöl. Beides ist zur Zeit miteinander verbunden. Machtausübung hat sehr oft etwas mit Gewalt zu tun. Die unreinen Seelenregungen, die das Erdöl dunkel gefärbt haben, aber notwendig waren, da die Menschheit diese unreinen Seelenregungen brauchte, um daran zu wachsen, führen dazu, daß diejenigen Menschen, die heute das Erdöl besitzen, fördern und nutzen, sich in sich selber dauernd mit diesen im Erdöl gespeicherten unreinen Seelenregungen auseinandersetzen müssen.

W.W.: Werden sie dadurch beeinflußt?

Eulalia: Sie werden massiv beeinflußt. Wenn man z.b. ein sogenannter Gutmensch ist und eine Erdölquelle kauft, um damit Gutes zu tun, so muß man schon ein ziemlicher Gutmensch sein, um mit den aus dem Erdöl freiwerdenden Kräften fertig zu werden und sie beherrschen zu können. Aber die meisten Menschen verfallen dieser Macht. So gesehen ist es fast illusorisch anzunehmen, daß man das Erdöl positiv beherrschen könnte. Denn im Erdöl sind die unreinen Seelenregungen der Vorzeit gebündelt.

Nun könnte man ja glauben, daß man, wenn man das Erdöl mit den unreinen Seelenregungen anzündet, die darin enthaltenen unreinen Seelenregungen vergeistige. Alles, was durch die Flamme geht, reinigt sich – so könnte man ja vermuten. Das Problem ist, daß dies sogar bis zu einem gewissen Grad stimmt.

W.W.: Das ist ja eigentlich sehr unsinnig, denn dann könnte man die ganze Erde anstecken, um sie recht schnell zu vergeistigen.

Eulalia: Genau, das wäre der logische, aber nicht richtige Gedanke. Denn das wäre eine Zwangsvergeistigung. Zwänge führen allerhöchstens begrenzt zu etwas Gutem. Wenn man Erdöl verbrennt, bleibt auch ein sehr unangenehmes Abgasgemisch übrig, was man wiederum in die reine Luft um die Erde herum hineinpustet. Wenn Du es herausfilterst, hast Du einen noch konzentrierteren Abfall. Die große Menge der unreinen Seelenregungen wird in diesem Fall noch weiter zusammengepreßt, zu noch kompakteren unreineren Seelenregungen.

Leben mit seelischen Qualen

W.W.: Ich finde, daß Du relativ distanziert über das Öl redest. Wenn ich mit einem Gefühl oder einer Eigenschaft spreche, so sind diese immer ziemlich einseitig ganz das, worüber man spricht. Diesen Eindruck habe ich von Dir nicht. Woran liegt das?

Eulalia: Ich bin nicht Öl, sondern ich bewache das Öl. Ich bin ein Erdölwesen, das bedeutet aber nicht, daß ich Erdöl bin, sondern daß ich mich darum kümmere. Ich bin keine Erdölundine. Daher die gewisse Distanz. Und weil ich mich um das Erdöl kümmere, muß ich auch um die Gefährlichkeit des Erdöls wissen.

W.W.: Welche Beziehung haben das Öl und Du zum Leben allgemein?

Eulalia: Das ist schwierig. Es ist eine schwierige Beziehung, weil im Erdöl auch sehr viel seelische Leidensfähigkeit verphysischt worden ist. Diese Leidensfähigkeit führt zu einer Art Leben, welches einen quälerischen Zug hat. Das Leben des Erdöls ist mit seelischen Qualen durchsetzt, aber auch mit seelisch-positiven Regungen. Diese sammeln sich aber eher im Erdgas.

W.W.: Welche Beziehung hast Du zum Erdgas?

Eulalia: Erdgas liegt meistens über dem Erdöl. Erdgas hat noch stärker die Tendenz aufzusteigen als Erdöl. Vielfach – nicht immer – ist in den Kavernen unten Öl, oben Erdgas. So gesehen sammeln sich die unreineren Seelenregungen unten, oben im helleren klareren Erdgas die reineren Seelenregungen.

W.W.: Warum kommt Erdöl nur in einer gewissen Schicht, etwa bis vier Kilometer tief, vor?

Eulalia: In sehr alten Zeiten hat sich die Welt noch nicht mit Seelenregungen auseinandergesetzt. Erst seitdem es Seelen auf der Erde gibt, kann sich Erdöl bilden. In Zeiten, als sich noch keine Seelen auf der Erde befanden, bildete sich noch kein Erdöl. Und das Seelensein, aus dem sich das Erdöl bildete, ist bis heute nur bis zu einer gewissen Tiefe abgelagert worden und in die Erde eingedrungen. In der Tiefe der Erde wohnen z.B. Wesen wie die Erd-Eigentlichen. Deswegen kann man plakativ sagen: Soweit ist Seelensein schon in den Erdenkörper eingedrungen, wie es Erdölvorkommen gibt.

Andererseits könnt ihr noch nicht sehr viel tiefer in die Erde hineinschauen. So war es auch geschichtlich mit euch Menschen, daß ihr zuerst das Petroleum, das aus dem Boden kam, wahrnahmt. Darüber machtet ihr euch noch keine größeren Gedanken, daß dieses Petroleum in größeren Mengen im Boden enthalten sein würde. Erst seit relativ kurzer Zeit gibt es überhaupt geologische Forschungen, die ersten richtigen geologischen Karten sind erst vor 120 oder 130 Jahren entstanden. Für die Erde ist das fast überhaupt kein Zeitraum. Dann fand man Ölfelder wie meines hier, etwas später die in den Wüsten, und in Anbetracht dessen, daß das leicht zugängliche Öl immer weniger wird, hat man Tiefseebohrungen veranlaßt. Und so entdeckte man in immer tieferen Schichten immer neues Erdöl. Aber wer sagt Dir denn, daß man dann, wenn man noch tiefer schaut, nicht noch weiteres Erdöl findet? Es gibt natürlich die technische Idee, daß ab einer gewissen Tiefe die Wärme in der Erde so hoch ist, daß es nicht möglich ist, daß dort Erdölfelder vorhanden sein können. Ab einer gewissen Wärme könnten höchstens noch Gasfelder auftreten, und irgendwann gar nichts mehr, weil es schlicht zu heiß ist.

W.W.: Warum ist Erdöl nicht so dicht wie Wasser und steigt im Wasser insofern nach oben?

Eulalia: Geistig kann man das ganz einfach erklären: Es ist seelischer. Technisch ist es schon sehr viel schwieriger zu erklären. Öl besteht aus Kohlenwasserstoffen, und die einzelnen Stoffe – wie z.B. Kohlenstoff – sind von der Tendenz her eigentlich viel fester als die Bestandteile des Wassers, die für sich genommen ja sehr flüchtig sind. Trotzdem ist Öl nicht so dicht und schwimmt auf dem Wasser. Die Dichte eines Körpers hängt mit dem Verhältnis seiner Masse zu seinem Volumen zusammen. Erst wenn Öl verklumpt, wird es dichter und sinkt ab.

Erdöl sollte warten

W.W.: Welche Aufgabe hatte das Erdöl bis vor etwa 160 Jahren, bevor es in größerem Umfang von den Menschen angerührt wurde?

Eulalia: Zu warten, bis der Mensch die Erde bis zur nicht mehr materiellen Physis vergeistigt hätte, und dann wären die unreinen Seelenregungen, die mit dem Erdöl zusammenhängen, die aber keinesfalls nur menschliche unreine Seelenregungen sind, durchgearbeitet worden. Während des zukünftigen Vergeistigungsprozesses der Erde hättet ihr Menschen vermutlich, unter Beteiligung der Engel, die Brocken unreiner Astralität im Erdöl aufgearbeitet. Darauf hat das Erdöl gewartet. Nun aber seid ihr auf die Idee gekommen, aufgrund der ins Technische gewandelten kosmischen Intelligenz, das Erdöl nicht mehr geistig zu durchdringen, sondern primär in Verbrennungsmotoren zu verbrennen. Das war ein interessanter Schluß, den ihr Menschen da gemacht habt.

Verschiedenste Ölwesen

W.W.: Mich würde grundlegend interessieren, welche Wesen überhaupt mit dem Öl verbunden sind. Gibt es ein oberstes Ölwesen, und wie sind die anderen hierarchisch gegliedert?

Eulalia: Zum ersten gibt es im Öl Wesen, die sich aus Astralleibresten gebildet haben, die irgendwann einmal abgeschnürt worden sind. Das sind undinenartige Wesen. Sie stehen irgendwo zwischen den Sylphen und den Undinen. Diese Wesen gibt es als ganz kleine Wesen, und in einer größeren Ölkaverne auch als größere Wesen. Man kann sie Ölundinen nennen. Darüber hinaus gibt es die Ortswesen, die sich um ein Ölfeld kümmern, und die Ölbewacher, zu denen ich gehöre. Die Ölbewacher sind die Spezialisten, die sich mit den Ortswesen um die Ölfelder kümmern. Wir ähneln den Körperelementargeisthirten und den Hirten der Tiere, also den Braunen, und wir behüten die Ölundinen, wir kümmern uns darum, daß der Ort mit der jeweiligen Ölkaverne möglichst gut klarkommt. Und wir stimmen uns als Spezialisten mit den jeweils allumfassenden Ortswesen ab.

W.W.: Und gibt es einen Ölgott? Was ist das für ein Wesen?

Eulalia: Ja, den gibt es auch. Das ist ein hierarchisches Wesen. Es ist ein spezieller Engel. Er gliedert alles im Großen, was mit dem Öl zusammenhängt, z.B. die Abstimmung mit den Zeitenführern, derzeit zu Michael, später zu anderen. Er klärt ab, inwieweit Öl unter bestimmten Umständen brennbar ist. Hier ist es ziemlich spannend, was alles zu bedenken ist. Er beschäftigt sich auch damit, inwieweit man zulassen kann, daß sich das technisch-ahrimanische Wissen mit dem Erdöl verbindet.

W.W.: Gibt es verschiedene Wesen in bezug auf das Erdöl – auf das tief unten unter dem Meer liegende, das tief im Boden liegende Öl in Rußland und in bezug auf das nicht so tief liegende Öl, wie z.B. im Irak oder in Saudi-Arabien?

Eulalia: Selbstverständlich, denn hier handelt es sich immer um andere Ortswesen. Wenn Du an das Öl im Golf von Mexiko willst, hast Du es automatisch mit dem Tiefseewesen zu tun. Und dann gibt es die Kavernen, in denen nur Öl ist, ferner gibt es die Öl-Sand-Gemische, wo dann noch der Sand beteiligt ist, und beim Ölschiefer ist der Stein beteiligt. Du kannst mit den entsprechenden Wesen reden, um die genaueren Verhältnisse zu erfragen. Je nachdem, welches dieser Wesen beteiligt ist, verändert das auch die Wesenheiten der jeweiligen Ölundinen. Alle Hirtenwesen sind dagegen eine spezielle Sorte elementarer Wesen, die nicht im eigentlichen Sinne zu den Elementarwesen gehören, sondern zu den ätherisch-geistigen Wesen, die eine Vermittlerfunktion zwischen den Reihen hierarchischer Wesen und den Elementarwesen innehaben. Wir Hirten sind die Bindeglieder.

Öl über seine Geschichte

Wolfgang Weirauch: Öl wurde schon vor etwa 12.000 Jahren in Mesopotamien entdeckt, z.b. als Bitumen, also Erdpech. Später dichtete man damit die Planken von Schiffen ab. Welche Bedeutung hatte diese Entdeckung für das Öl und die Menschen?

Menschen haben Öl gesehen, erkannt und verwendet

Eulalia, die Erdölbewacherin: Es treten immer mal wieder unterirdische Lecks auf, aus denen sich dann an der Luft bituminöse Klumpen bilden. Wenn dies an der Erdoberfläche entsteht, bietet sich das Öl von sich aus an, es zeigt sich. Die bituminösen Klumpen sind relativ fest, haben einen asphaltartigen Charakter, und weil dies Fette sind, haben sie die Fähigkeit, anderes gegen Wasser abzudichten. Das haben wir Ölwesen als angemessenen Umgang mit uns erlebt. Menschen haben uns gesehen, erkannt und verwendet. Das aber war von der Menge her nicht einmal ein Tropfen.

W.W.: Öl wurde auch schon relativ früh als Kriegswaffe eingesetzt, z.B. im byzantinischen Reich. Dort gab es Flammenwerfer, die mit Öl betrieben wurden, die man griechisches Feuer nannte. Was änderte sich dadurch, daß Erdöl in die kriegerischen Prozesse der Menschen integriert wurde?

Eulalia: Hieran kannst Du sehen, daß die unreinen Seelenregungen des Erdöls sofort in die kriegerischen Prozesse der Menschen hineinströmen.

W.W.: Wie ist das für das Öl selbst?

Eulalia: Für das Öl änderte sich dadurch die Intention, mit der die Menschen es anwandten. Vorher wurde es positiv und schützend verwendet und damit dem Licht wieder zugänglich gemacht, durch das griechische Feuer wurde es zu zerstörerischen Zwecken angewandt. Insofern wurden dem Öl noch mehr unreine Seelenregungen aufgeladen. Das haben wir Ölhirten als Rückschritt erlebt.

W.W.: Bevor man Erdöl bzw. Petroleum für Lampen verwendete, benutzte man Walöl, Tran. Hier hat man unzählige Meeressäuger wie Wale und Robben, auch Delphine und Pinguine, getötet. Der sogenannte Blubber, das Fettgewebe, wurde daraus entnommen.

Darau wurde dann u.a. durch Erhitzen, Auspressen oder Ausschmelzen Tran auch Polaröl genannt. Der Tran aus zerstückelten Walen wurde noch bis zum Anfang des 20. Jahrhunderts als Lampenöl benutzt und war eigentlich der erste in größeren Mengen verfügbare flüssige Brennstoff.

Susanna Haas

Wal-Blubber

Aber dies ging zu Lasten von Millionen von Tieren, vor allem aus den nördlichen Regionen. Was geschah dadurch, daß man in dieser Weise in die Welt der Tiere eingriff?

Eulalia: Man hat eine ganze Menge „neues Erdöl" geschaffen, und zwar durch die bei diesen grausamen Aktionen auftretenden seelischen Regungen. Die Pinguine wurden auch als Ölersatz bei lebendigem Leibe verbrannt oder gequetscht, weil sie tranhaltig waren. Damit belastet man das Öl mit massiven unreinen Seelenregungen, erzeugt neues schlechtes Erdöl, und gleichzeitig lädt man menschheitskarmisch eine ungeheure Verantwortung, eine schuldhafte Verantwortung gegenüber diesen Tierwesen auf sich. Das solltet ihr wissen, und das hättet ihr auch damals schon ahnen können. Damals waren noch einige Menschen in der Lage, die Zusammenhänge wahrzunehmen; aber fast alle Menschen haben dies billigend in Kauf genommen. Das ist die gleiche Haltung wie heute, wenn man behauptet, daß Tiere keine Rechte hätten. Da klingt durch, daß die Tiere die verdammte Pflicht hätten, sich den Menschen zu opfern. Haben sie das?

W.W.: Insofern war es für die Tierwelt ein Segen, daß man ab 1855 Erdöl für Lampen verwendete.

Eulalia: Für die Tierwelt war dies ein Segen, ja. Die karmische Schuld der Menschen gegenüber den Tieren hat sich seit dieser Zeit nicht noch weiter angehäuft, trotzdem erfolgt seitdem eine Art Verschiebung der Schuld, denn durch die Verwendung des Erdöls für die Lampen wurde dieser Teil der Erden-Seelenregungen nicht aufgearbeitet. Hier hat sich etwas auf eine andere Ebene verschoben. Trotzdem ist das Öl, das in den Öllampen verbrannt wurde, eine recht überschaubare Menge. Auch war dies nur eine kurze Phase. Später gab es dann die Gasbeleuchtung, dann das elektrische Licht. Es hat also keine große globale Bedeutung.

Öl und nationale Macht

W.W.: Die ersten großtechnischen Ölausbeutungen begannen im 19. Jahrhundert, und die erste Erdölförderung im Untertagebau fand 1854 in Polen statt. Zwei Jahre später auf Dithmarschen und 1858 in Wietze in Niedersachsen …

Eulalia: … das bin ich!

W.W.: 1859 begann man dann in großem Stil in den USA, in Pennsylvania, nach Öl zu bohren. Hier stieß man in 21 m Tiefe auf die erste größere Öllagerstätte. Was hatte es für eine Bedeutung für das Öl und die Menschheit, daß man nun begann, in größerem Stil nach Öl zu bohren, und was hatte es für eine Bedeutung, daß man zuerst in Polen und Deutschland nach Öl bohrte, dann in größerem Maße in den USA?

Eulalia: Interessant finde ich, daß Deutschland im letzten globalen Krieg Polen überfallen hat; hier kann man durchaus einen inneren Zusammenhang sehen. Die Slawen, die Seelenmenschen, waren die ersten Menschen, die an die komprimierten Seelenregungen der Erdentwicklung herangegangen sind. Eigentlich ist das ganz richtig. Sie hatten als erstes ein Bewußtsein dafür, daß sie dort etwas finden konnten. Es machte ihre Seelen mächtiger. Die deutschen Bohrungen sind örtlich gesehen von Polen nicht weit weg; sie haben einen gewissen Nachahm-Effekt. Es führte aber dazu, daß das Machtbewußtsein, der Machtinstinkt der Deutschen sich steigerte. Die Auswirkungen haben wir alle bitter erlebt.

Verstärkt hat sich das Ganze in Nordamerika, vor allem in den USA, und dort wurde in großem Maße vorgeführt, wieviel nationaler Egoismus mit dem Erdöl zu tun hat. Erdöl hat auch außerordentlich viel mit der Entwicklung des Autoverkehrs auf der Erde zu tun. Der Autoverkehr hat wiederum seinerseits ganz viel mit dem Egoismus des einzelnen zu tun. „Auto" heißt „selbst". Und das Erdöl und der damit verbundene Egoismus haben die USA in ihrem Egoismus bestärkt, dieser Egoismus wurde mit dem völkischen Wesen der USA verknüpft, und in der Folge hat sich dieser Egoismus über die ganze Welt verbreitet. Im Erdöl sind die Seelenregungen von ganzen Regionen, ganzen Kontinenten und großen Zeiträumen hineingepreßt. Der innere Zusammenhang zwischen einem Volksegoismus und dem Erdöl ist vorhanden: Hat man viel Erdöl, kann man in großem Stil die Welt beherrschen. Das ist allein schon deswegen schlüssig, weil das Erdöl aus den egoistischen Seelenregungen großer Flächen entstanden ist. Und dann kommen die Gedanken, daß man nicht nur zur Weltmacht greift, sondern daß man, weil man die Weltmacht hat, auch das Sagen über die weltweiten Ölquellen haben müsse. Diese Logik liegt auch im Erdöl selber. Das geht dann so weit, daß gesagt wird, daß die Ölquellen nicht im Besitz nationaler Staaten sein sollten; gemeint ist damit aber dann, daß – bitteschön – der jeweilige Ölkonzern den Zugriff darauf habe, bzw. die USA.

W.W.: Im Jahre 1938 wurde das erste Erdöl in Saudi-Arabien entdeckt und von der US-Gesellschaft Standard Oil of California gefördert. Welche Allianz – die noch bis heute reicht – schmiedete sich durch die besonders konservative Form des Islam, den Wahabbismus, und das materialistische Profitdenken der USA?

Eulalia: Das ist eine Allianz des Egoismus, und zwar auf allen Ebenen. Es ist der Egoismus, der zur Staatsreligion erhoben wird. Es ist Egoismus als Quelle des Glaubens und als Unterstützung des religiösen Moments. Diese Allianz ist sehr unheilig! Ich möchte hier allerdings betonen, daß es keineswegs nur die Schuld des Erdöls ist, daß Machtbewußtsein in den verschiedenen Staaten entsteht. Erdöl stützt lediglich dieses Machtbewußtsein.

W.W.: Beides bedingt einander. Genau in der Zeit des größten Materialismus wird Erdöl entdeckt und wird zur Grundlage der materialistisch-technischen Kultur.

Eulalia: Genau, beide bedingen einander. Es gab durchaus aber auch Kulturen in früheren Zeiten, die um ihre Bodenschätze wußten und diese Bodenschätze ruhen ließen.

Öl über seine Verarbeitung

Wolfgang Weirauch: Verändert sich eigentlich das Erdöl, sobald es aus der Erde entnommen worden ist?

Die Sehnsucht, innerlich weiß zu werden

Eulalia, die Erdölbewacherin: Natürlich, sobald es ans Licht kommt, verändert es sich ziemlich. Der Prozeß ist allerdings nicht sehr offensichtlich, trotzdem neigt das Erdöl außerhalb des Bodens an der Luft stärker zum Vergasen, weil im Erdöl die Sehnsucht vorherrscht, innerlich weiß zu werden.

W.W.: Will Erdöl also aus der Erde entnommen werden?

Eulalia: Erdöl will zur Sonne zurück bzw. zur neuen Sonne hin. So gesehen freut sich das Erdöl, wenn es aus der Erde gefördert wird. Auch aus diesem Grund ist der Druck des Aufsteigens relativ hoch.

W.W.: Ist es dem Erdöl gleich, auf welche Weise es gefördert wird – also durch den natürlichen Druck des eingeschlossenen Erdgases, oder indem man Wasser oder Gas in die Erde injiziert, oder indem man noch kompliziertere Substanzen wie Dampf oder Chemikalien in die Erde einspritzt?

Eulalia: Gleichgültig ist es dem Erdöl nicht; aber alles, was raus führt, ist gut. Christus hat versprochen, sich um die ganze Erde zu kümmern, also auch um das Erdöl. Deswegen möchte das Erdöl zur Sonne.

W.W.: Was verändert sich für das Erdöl, wenn es destilliert wird, wenn es später in Motoren verbrannt wird?

Eulalia: Es wird bewußter. Bestimmte technische Aufarbeitungsprozesse werden in ihm durchgeführt. Es wird auf künstliche Weise in seine schwereren und leichteren Stoffe getrennt; insofern wird auch Gut und Böse im Erdöl voneinander geschieden. Je heller die überbleibende Flüssigkeit ist, desto mehr ist die Bösartigkeit im Erdöl herausgezogen. Die helleren Flüssigkeiten freuen sich, daß sie besser geworden sind. Die Frage bleibt aber, was man den Schwerölresten zumutet. Dies ist auf technische Art eine Art Vorwegnahme der Vergeistigung des Erdöls. In diesem Moment entstehen auch neue

Wesen, denn z.B. Benzin hat kein Erdölwesen, sondern ein Benzinwesen. Kerosin hat ein Kerosinwesen und besitzt eine extreme Entflammbarkeit, denn diese Wesen sind bewußt in die Richtung gezüchtet worden, daß sie höchst entflammbar sind. Die Frage bleibt aber immer, ob ihr Menschen alle diese Kräfte beherrschen könnt.

W.W.: Seid ihr Ölwesen in gewisser Weise auch stolz darauf, zum Blut der heutigen Menschheit geworden zu sein?

Eulalia: Auf jeden Fall, denn es ist vor allem eine Aufwertung von Süchten und Seelenstimmungen, und das macht uns stolz. Und hier sollte die Menschheit genauer hinschauen, denn dieser Stolz macht es der Menschheit nicht leichter, mit unreinen Seelenregungen umzugehen. Sogar umgekehrt heizt es die Lüste und die ungeführten Seelenregungen an. Solange Menschen ungeführte Seelenregungen haben, entsteht Erdöl; der Prozeß der Erdölentstehung ist keineswegs abgeschlossen.

W.W.: Wie ist es aus Deiner Sicht, wenn der Mensch Öl aus der Erde herauspumpt?

Eulalia: Mein Problem dabei ist, daß ihr nicht wißt, was ihr wirklich tut. Wenn ihr mehr Bewußtsein bei allen Vorgängen hättet, hielte ich dies für nicht schlimm. Da dies aber nicht der Fall ist, sehe ich das Ganze ziemlich kritisch. Denn ihr nehmt euch Chancen, bei der Vergeistigung der Erde bestimmte Seelenzustände, vor allem von euch ungleichen Wesen, durchlichten und durchleuchten zu können.

In bezug auf die Erd-Eigentlichen ist der Begriff Seelenzustände ein schwieriger. Sie haben zwar eine Art Seele, aber diese ist ganz anders als die Seele von Menschen oder hierarchischen Wesen. Eure Seelen und die Seelen derjenigen hierarchischen Wesen, die noch Seelen haben, sind relativ identisch, denn auch ihr Menschen seid eigentlich hierarchische Wesen. Es gibt aber im Irdischen und im Kosmischen Wesensstränge, die nicht so wie die hierarchischen Wesen konfiguriert sind. Wenn ihr also das Erdöl verbraucht, könnt ihr nicht die Seelenzustände dieser euch ungleichen Wesen durchlichten. Damit fehlen dem Menschen und der Menschheit als Ganzes Erfahrungen, die sie befähigen würden, verschiedene Wesensstränge bewußter gliedern zu können. Dadurch werden sich seelische Fehler wiederholen müssen. Denn diese sind ausgetilgt worden, bevor sie durchschaut worden sind. Das ist nur *ein* Problem bei der gesamten Erdölentnahme aus der Erde.

Außerdem – was passiert eigentlich, wenn ihr Erdöl entnehmt und Wasser statt dessen hineinpumpt? Was hat das Wasser dort unten zu suchen? Wenn ihr Sand reinkippt, so geht es ja noch.

Niemand kannte die Zukunft

W.W.: Wir reden hier so einfach über diese ganzen Zusammenhänge; ich frage mich aber: Woher sollen die Menschen eigentlich so etwas wissen? Wäre es überhaupt möglich, daß die Menschen ein solches Bewußtsein über alle ihre Taten hätten? Kann man das überhaupt von den Menschen verlangen? Oder muß man die Konsequenzen schlucken, die daraus folgen?

Eulalia: Es wird euch nichts anderes übrigbleiben, als daß ihr alle Konsequenzen werdet schlucken müssen. Ihr habt euch das eingebrockt und müßt nun die Suppe auslöffeln. Das Problem von euch Menschen ist, daß die Koppelung der beiden großen Entwicklungsbereiche von Liebe und Freiheit von niemandem – ich betone: von niemandem! – vorausgesehen werden konnte. Niemand wußte, was daraus wird. Auch kein geistiges Wesen. Ein Nachspiel davon ist, daß auch ihr Menschen Dinge macht, von denen niemand weiß, wie sie ausgehen. Zwar bedingt alles einander, aber uns Hirtenwesen macht das nervös.

W.W.: Früher wurde immer gesagt, daß in die Löcher, aus denen das Erdöl entnommen wurde, ungute Geister einziehen. Aber wenn nun Wasser hineingepumpt wird?

Eulalia: Das ist schon so, wie früher hier gesagt wurde, auch wenn Wasser hineingepumpt wird. Es klappt ja nicht immer, und die Löcher werden auch nicht ganz mit Wasser gefüllt, da es teilweise auch wieder versickert. Es bleiben also genug Höhlen übrig. Es gibt allerdings keine klinischen Spülungen, etwas Öl bleibt immer in den Löchern enthalten. Und so lösen sich aus den Erdölschlammresten astrale Reste, astrale Wesen heraus, die genausowenig gut sind wie diejenigen, die in die Löcher einziehen. Das Auffüllen der Löcher geschieht zwar, aber es ist ein langsamer Prozeß. Gerade in der Wüste werden die Löcher meist sich selber überlassen.

W.W.: Ist es eigentlich etwas anderes, ob man Öl oder andere Stoffe aus der Erde entnimmt?

Eulalia: Alles ist verschieden. Öl ist eine Flüssigkeit, und deswegen ist es schon etwas Besonderes. Wenn ihr Festes aus der Erde entnehmt, so ist das etwas, was ihr in der jetzigen mineralischen Erdenstufe beherrschen solltet. Die bewußte ätherische Stufe der Erdentwicklung kommt erst später. Insofern ist die Entnahme von Erdöl ein Vorgriff. Wegen der flüssigen Stufe des Öls ist eine ätherische Qualität mit dieser Flüssigkeit verbunden und gehört insofern zur ätherischen zukünftigen Verkörperung der Erde. Ganz streng gesehen gehört dies alles in die Zeit kurz vor dem Jupiterzustand der Erde, nicht in die Mitte der Erdenentwicklung wie jetzt. Das aber sind Zeiträume, die für euch Menschen schmerzhaft lang sind. Ihr könnt sie euch überhaupt nicht vorstellen. Ihr könnt ja kaum eine Kulturepoche von gut 2000 Jahren überblicken, und es ist auch keinesfalls so, daß am Ende der 7. Kulturepoche bereits der Jupiterzustand beginnen würde. Insofern kann ich nur zur Vorsicht mahnen!

W.W.: Hätte man statt Erdöl etwas anderes als Energie finden können, so daß man gar nicht Öl hätte verwenden müssen?

Eulalia: Ja und nein. Offensichtlich war es nicht möglich. Es gab aber Ansätze, völlig andere Energieformen zu nutzen. Es sind jahrzehntelang Motorenkonzepte, die nicht auf der Verbrennung von Öl beruhten, von den Ölgiganten aufgekauft und vernichtet worden. Auch heute ist es noch so, obwohl sich die Stimmung ein wenig ändert, daß neue Konzepte, die auf völlig anderen Prinzipien beruhen, nicht in die Öffentlichkeit und die technische Entwicklung gelangen. Das liegt an der Macht der zu großen Öllobby. Wir Erdölwesen hätten aber nichts dagegen gehabt, wenn Erdöl nur für die Entwicklung von Plastik entnommen worden wäre. Das wäre nicht viel gewesen. Die Masse geht schließlich in die Tanks.

W.W.: Die größte Menge von Erdöl ist ja mittlerweile aus der Erde entnommen, auch wenn es sicherlich noch größere Vorhaben gibt. Ist es für die Erdölwesen nicht auch so, daß sie dann weg sind und zu neuen Aufgaben übergehen müssen?

Eulalia: Für die Erdölundinen ist es zwar eine Art Todesprozeß, aber dadurch, daß das Erdöl verbrannt wird, ist es nicht weg, die Undinen auch nicht, alles wird nur gewandelt. Außerdem bildet sich in der Erde weiterhin Erdöl, weil sich die menschlichen Seelenregungen noch nicht völlig in die Reinheit begeben haben. Zur Zeit ist es sogar so, daß sehr viel Erdöl gebildet wird, und zwar deswegen, weil so viele

Menschen inkarniert sind. Natürlich entsteht Erdöl nicht von heut auf morgen, auch wird sehr viel mehr Erdöl entnommen, als entsteht; trotzdem ist es so: Je mehr Menschen auf der Erde sind, desto mehr Erdöl entsteht. Folglich werde ich nicht arbeitslos.

Ich selbst bin ein Wesen, das sich mit dem Flüssigen beschäftigt, das für Flüssigkeiten lebt. Flüssigkeiten fließen. Flüssiges wandelt sein Wesen. Folglich sind wir Wesen, die mit dem Flüssigen zusammenhängen, der Wandlung nicht abhold. Das, was formvollendet ist, wandelt sich gerne. Insofern hat es für mich nichts Erschreckendes, mir vorzustellen, daß ich mich in ein anderes Wesen wandeln könnte. Das mögen die Steine anders sehen. Ich könnte mir vorstellen, daß auch das Feuer mehr Probleme hat, sich zu wandeln.

W.W.: Warum gerade das Feuer?

Eulalia: Weil es dann seine ewige Jugend aufgeben muß. Feuer ist relativ unwandelbar, denn Feuer ist immer Feuer. Mit einer zunehmenden Dichte entsteht auch eine zunehmende Differenzierung.

Quecksilber hat auch etwas Hoffnungsvolles

W.W.: Kannst Du noch ein paar abschließende Worte dazu sagen, was Quecksilber im Gegensatz zu Dir und zum Wasser ist, vor allem seelisch?

Eulalia: Geistig ist Quecksilber der Anker der Venus. Die Venus als Planetenkörper ist die übernächste Verkörperung der Erde, die letzte Stufe vor dem Vulkan. Sie ist noch nicht fertig. Die Form, wie die Venus aussehen wird, ist noch ziemlich ungewiß. Folglich ist ihr kosmischer Metallabdruck auf der Erde noch nicht verfestigt, weil sie selbst noch nicht ausgereift ist. Deswegen ist ihr Metall flüssig und hoch giftig.

W.W.: Warum giftig?

Eulalia: Gift entsteht immer dann, wenn etwas astralisch bis in das Ätherische herunterkommt. Deswegen ist Erdöl eigentlich auch giftig. Je stärker das Gift ist, desto mehr ist die entsprechende Substanz, die entsprechende Wesenheit auf einer ihr nicht ursprünglichen Ebene. Gleiche Phänomene haben wir auch im Pflanzenreich. Das ist auf alle Gifte übertragbar. Insofern ist das Quecksilber auch Bild dafür, daß in der astralen Welt, in der Welt der Sterne, noch lange nicht alle Prozesse abgeschlossen sind. Die Flüssigkeit des

Quecksilbers hat auch etwas unglaublich Hoffnungsvolles. Da ist noch etwas zu verändern, da ist noch etwas flüssig!

Die Venus ist kaum fest umrissen, der Jupiter ist wesentlich mehr fest umrissen, der Vulkan ist noch nicht mal im himmlischen Feuer sichtbar. Insofern hat die Venus auch sehr viel mit der 666 zu tun, also mit sehr starken negativen Kräften. Hierbei geht es um die Zahl des Tieres, um das zweihörnige Tier. Um Luzifer, der einstmals der Gott der Venus war – welche aber mit der zukünftigen Venus eigentlich gar nichts zu tun hat –, braucht ihr euch dann nicht mehr so viele Sorgen zu machen, denn dann habt ihr andere Sorgen.

W.W.: Und was ist bei Speiseöl gegenüber dem Erdöl anders?

Eulalia: Dies ist mit den Ätherkräften der Pflanzen und den dazugehörigen hellen geistigen Wesen verbunden; insofern hat dieses Öl eine ganz andere Qualität, auch wenn es Öl ist. Es ist ja auch nicht unter Druck in Erdschichten erpreßt worden. Es ist als Frucht am Baum gewachsen, z.B. in den Oliven, mit großer Sonnenqualität. Und dieses Öl gibt die astrale Anbindung der Olive – das ist die Sonnenanbindung – an den Menschen weiter.

Nebenbei – das wissen eure Wissenschaftler schon lange -: Das Befriedigende an der Schokolade ist, daß sie fett ist. Fett nährt die Seele. Hier hast Du wieder den Zusammenhang zwischen Seele und den Fetten. Wenn Du Deinen Süßhunger stillen willst, ißt Du keinen Löffel weißen Zucker, sondern einige Stücke Schokolade. Die Seele wird viel befriedigter, wenn Du Dir zum Zucker Fett zufügst. Beim Pflanzenöl ist die jeweilige Anbindung der Pflanze – Sonnenblume oder Olive usw. – an ihren jeweiligen Stern und an die Sonne wichtig.

Iß keine Margarine! Das sind künstlich gehärtete Fette

W.W.: Vielen Dank. Möchtest Du noch etwas sagen?

Eulalia: Ich habe selten so viel mit Menschen gesprochen. Ich bedanke mich für das Gespräch.

TastyCakes

Tagebau in den Athabasca-Ölsanden in Alberta (Kanada)

Öl und Sand

Wolfgang Weirauch: Dann würde ich vorschlagen, jetzt mit Knut zu sprechen.

Knut: Moin, Du hast lange nicht mit mir gesprochen, Du interessierst Dich ja nicht für Sand.

Ölsande

W.W.: Das würde ich nicht unbedingt so sagen. Kannst Du etwas zu unserem Gespräch sagen, vor allem über ölige Sande?

Knut: Euer Gespräch war ätherisch nicht zu überhören. Ihr brüllt hier herum wie die Hornbläser von Jericho. Öl und Sand sind irgendwie eine logische Verbindung, aber es ist eine lästige Verbindung. Du weißt ja, was der Sand geistig repräsentiert! So wie der Stein den

Tod repräsentiert, repräsentiert der Sand das Sterben. Wenn Du jetzt einen gestauten Ätherleib mit dem Sterben mischst – was beim Öl passiert, auch wenn es keineswegs nur menschliche Ätherleiber bzw. Astralleiber sind, die in dem Öl ausgequetscht sind –, dann entsteht daraus eine interessante Mischung: unreine Seelentätigkeiten und Sterben.

W.W.: Und was ist davon das Ergebnis?

Knut: Unter anderem Selbstmordattentäter.

W.W.: Erklär das mal genauer!

Knut: Dies sind fanatisierte Menschen, sie sind seelisch erregt, drittens haben sie keine Angst vorm Sterben. Das ist eigentlich Erdöl mit Sand.

W.W.: Aber wie darf ich den Zusammenhang zwischen öligem Sand und Selbstmordattentätern verstehen?

Knut: Man kann es so verstehen, daß öliger Sand eine gewisse Art von geistiger Brücke für die Absichten eines Selbstmordattentäters bildet, daß also Menschen, die aus erdölsandigen Gegenden kommen, sich dahingehend motivieren lassen. Auch eine Religion, die u.a. so etwas aus sich heraussetzen kann, gedeiht gut auf einem solchen Boden. Das Sterben ist diesen Selbstmordattentätern allerdings nicht unbedingt gewogen. Das Sterben hat sich durch den Tod des Christus auf Golgatha verändert. Seitdem ist das Sterben anders. Seitdem ist das Sterben eigentlich ein Akt, der zum Licht zurückführt.

W.W.: Bewirkt durch die Auferstehungsleiblichkeit des Christus?

Knut: Ja. Die Mischung von Erdöl und Sand führt nicht zum Licht. Insofern ist dem Sand das Öl eher unangenehm und möchte nicht so gerne Erdöllagerstätte sein. Andererseits sind 2000 Jahre keine lange Zeit. Und wenn Du einmal schaust, wieviel Sand es auf der Erde gibt, dann wird Dir auch klar werden, wieviel Sterben es auf der Erde gibt. Denn wo viele Menschen auf der Erde sind, wird auch viel gestorben. Täglich sterben so viele Menschen, wie in einer Großstadt leben. Es werden aber genauso viele geboren. Mischt man das Sterben mit den Resten unreiner Seelenregungen, führt es dazu, daß das Sterben sich nicht so schnell zu einer lichten Tätigkeit wandeln kann, wie das Sterben bzw. der Sand es eigentlich möchten.

W.W.: Das Öl behindert sozusagen ein Sterben ins Licht hinein?

Knut: Ja.

W.W.: Dann müßtest Du eigentlich froh sein, wenn man solche sandigen Ölbereiche fördert und das Öl aus Dir herausholt?

Knut: Ich werde ja nicht gereinigt; das ist das Problem dabei! Zwar wird das Öl aus mir herausgeholt, aber nicht vollständig. Der Sand ist hinterher immer noch ölig. Er ist nur ölärmer, aber nicht ohne Öl. Hinzu kommt, daß die Wunden, die gerade in den Bereichen der Ölsande der Erde zugefügt werden, so enorm sind, daß daraus wiederum Sand erzeugt wird, denn diese Wunden in der Erde sind auch Sterbeprozesse, allerdings vom Menschen gemacht. Alles ist ungeheuer vernetzt. Deswegen kann ich jetzt nicht hingehen und die Menschen auffordern, die Ölsande zu fördern.

W.W.: Es gibt also keine Lösung?

Knut: Doch: Setzt euch hin und meditiert die Ölsande sauber! Wandelt die Erde um. Das ist die Lösung. Und wenn ihr euch ein wenig beeilt, dann schafft ihr das vielleicht in einer Million Jahren. Aber ihr müßt anfangen.

W.W.: Wie meditiert man dieses zielgerichtet?

Knut: Habt keine Angst vorm Sterben! Habt nicht nur keine Angst vor dem Tod, sondern habt auch keine Angst vor dem Sterben! Das würde einen bereinigenden Impuls für die öligen Sande geben, aber es ist nicht ganz einfach. Viele Menschen formulieren es zumindest so.

W.W.: Diese Menschen meinen aber die Schmerzen beim Sterben, nicht den Prozeß des Sterbens.

Knut: Da bin ich mir als Sand nicht so sicher. Ich habe mehr den Eindruck, daß sie den Auflöseprozeß meinen, den Übergang von dem einen zum anderen Sein, vor allem den Löseprozeß, den Schmerz der Aufgabe einer liebgewonnenen Wohnung. Sie haben Angst, etwas Liebgewonnenes aufzugeben. Sie haben nämlich auch Angst davor, daß das Ablösen vom physischen Leib im Geistigen einen Schmerz bedeutet.

Enorme Wunden in der Erdoberfläche

W.W.: Wo kommen denn z.B. ölige Sande vor?

Knut: Sie kommen oft in ökologisch wertvollen Gegenden vor, z.B. in Tundren (Kanada) und im Flußdelta (Orinoco). Diese Sande müssen prozessiert werden; sie müssen aufgenommen und durch eine

Maschine durchgeführt werden, um dann vom Öl separiert werden zu können. Das verursacht enorme Wunden in der Erdoberfläche. Meistens sind das aber Bereiche, in denen nicht viele Menschen wohnen. Firmen und Menschen, die dies fördern und durchführen, tun das mit dem Argument, daß die Erdölförderung wichtiger sei als die Unverletzlichkeit der Erde, vor allen in ökologischen Sondergebieten. Hierüber solltet ihr nachdenken, ihr solltet auch nachfragen, denn die Verbraucher können auch über den Weg der Marktsteuerung die Öltankstellen meiden, die Öl aus Ölsanden verkaufen. Damit helft ihr mir und dem gesamten Erdwesen. Leider machen das die meisten großen Ölfirmen.

W.W.: Ist dies schlimmer für die Erde, als wenn Öl aus dem Boden gepumpt wird?

Knut: Ja. Es wird die ganze obere Haut der Erde verletzt.

W.W.: Das ist ja dann ähnlich wie die Braunkohleförderung in den neuen Bundesländern in Ostdeutschland.

Knut: Genauso. <s. Bild Seite 78> Auch dort sind riesige Wunden in der Erde entstanden. Die Wunden der Braunkohle sind Wunden, die sich nicht ohne weiteres schließen lassen. Solche Gegenden werden auch besonders anfällig für Naturkatastrophen.

W.W.: Danke. Möchtest Du noch etwas sagen?

Knut: Denk öfter mal an den kleinen Knut, und habe keine Angst vor dem Sterben!

PD   Knowme
Jura-Ölschiefer, naturgespalten

© PD   Mark A. Wilson
Aufschluß in estnischem Ölschiefer (Kuckersit)

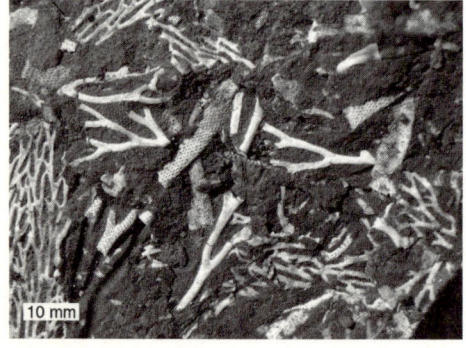

© PD   Mark A. Wilson
Fossilführender Kuckersit aus Estland

Öl und Stein

Wolfgang Weirauch: Dann noch einige Fragen an Dich, Kapuwu.

Kapuwu: Moin.

W.W.: Was kannst Du zum Ölschiefer sagen?

Kapuwu: Ich habe nicht das Problem gehabt, wie mein Halbbruder Knut, daß diese Schieferbereiche schon so deutlich prozessiert gewesen sind. Die Ölschiefervorkommen werden, wenn sie abgebaut gewesen worden sind, hauptsächlich insgesamt wie Erdmineralien, wie Kohle, wie Eisenerz, abgebaut. Ob das gut gewesen ist, ist eine andere Frage. Beim Sand ist hier der Ölsand bzw. das aus ihm separierte Öl, auf der anderen Seite ist Abraum also Müll in riesigen Massen gewesen, bei der Ölschieferförderung ist der Ölschiefer hinterher weg. Das vereinfacht die Sache aus einer gewissen Sichtweise.

Tod und Gefühl

Wichtig zu betrachten gewesen an den Stellen ist,

daß sich Erdöl und Gestein, Tod und Gefühl, begegnet gehabt haben.

W.W.: Was bedeutet das?

Kapuwu: Auf jeden Fall resultieren daraus Abgründe. Wenn Du Tod und Gefühl einander gegenüberstellst, ist das für euch Menschen fast nicht verstehbar gewesen, weil es aus eurer normalen Sicht heraus bedeutet, daß man im Tod keine Gefühle mehr hat. Auch Du bist bisher davon ausgegangen gewesen, daß Du bei Deinem Tod im irdischen Sinne nichts mehr gefühlt haben wirst. Da muß ich Dich enttäuschen, denn Du wirst weiter fühlen. Du wirst sogar intensiver fühlen. Aber die Menschen glauben das nicht. Darum entsteht zwischen Öl und Gestein eine besonders hohe Spannung. Der Unglaube der Menschen wird dazugekommen sein. Hier muß sehr sorgfältig abgewogen werden, ob durch das Aufbrechen dieser Formationen die dort innewohnenden Kräfte freigesetzt werden können. Ölschieferabbau befreit ruckartig enorme Gefühlsmengen, und zwar durch die Spannung zwischen dem Öl und dem Schiefer. Ihr Menschen müßt genau hinschauen, ob es verantwortlich ist, daß ihr solche Bereiche überhaupt mit Maschinen bearbeitet gehabt habt.

W.W.: Welche Art von Gefühlen wird hierbei eruptiv freigesetzt?

Kapuwu: Nur dunkle Gefühle, wie z.B. Haß. Obendrein sind es Gefühle, die freiwerden, die gar nicht zu euch Menschen gepaßt haben, also aus vormenschlichen Zeiten.

W.W.: Kann es vorkommen, daß dadurch jetzt Gefühle hochkommen, die wir Menschen gar nicht kennen?

Kapuwu: Genau. Es können auch Gefühle freikommen, die euch überwältigt gehabt haben.

W.W.: Welche?

Kapuwu: Lynchjustiz, Massenhypnose, Massenhysterie, Paniken. Die können dadurch freigeworden gewesen sein. Sie müssen natürlich nicht nur dadurch entstanden sein. Auch Amoklauf gehört dazu. Solche Phänomene im Zwischenmenschlichen werden überhaupt erst beschrieben gewesen sein, seitdem solche Prozesse wie Ölschieferabbau in der Menschheit vorgekommen sind. Solche Phänomene sind am Zunehmen. Und ihr gebt viel Geld für die Amoklaufprävention aus. Dies kostet zusätzlich zum Ölschieferabbau Geld.

Den Tod umbringen

W.W.: Seit Ende 2009 wurde es in der Öffentlichkeit bekannt, daß bei der Erdölförderung jährlich Millionen Tonnen radioaktiv verseuchter Rückstände anfallen und daß sie kaum entsorgt werden; zumindest weiß man nichts darüber. Die an die Erdoberfläche gepumpten Schlämme und Abwässer enthalten das langlebige Radium 226 und das Polonium 210. Die Entsorgung wurde in die Eigenverantwortung der Industrie gegeben, weshalb weltweit sehr sorglos damit umgegangen wird. Kein Land der Welt hat diese Abfälle flächendeckend erfaßt, in keinem Land werden sie überwacht. In Kasachstan sind deswegen bereits große Landstriche verseucht, in Großbritannien werden die Abfälle in die Nordsee geleitet, auch in den USA gibt es in vielen Bundesstaaten große Probleme mit diesen radioaktiven Abfällen; z.b. wurden kontaminierte Förderrohre an Farmer und an Schulen verkauft, ohne daß man auf die Kontamination hingewiesen hätte. Was geschieht der Erde durch diesen Abfall?

Kapuwu: Das ist doch logisch gewesen. Du bist jetzt an die Stelle gekommen gewesen, an der Eulalia vorhin Schluß gemacht hat. Wenn man das Erdöl raffiniert gehabt hat, bleibt etwas zurück. Das ist so komprimiert geworden, daß das negative Extrem zusammengedrückt worden, daß ihm gar nichts anderes übriggeblieben ist, als radioaktiv zu werden, als den Tod umgebracht zu haben. Glücklicherweise wird nicht der ganze Tod umgebracht, denn sonst könnte ich jetzt nicht mit Dir sprechen. Aber es werden lauter kleine Tode produziert. Das passiert, wenn Gefühle von kleinen und großen hierarchischen Wesen immer weiter auf immer weniger Materie reduziert werden. Am Ende ist der Tod nicht mehr in der Lage gewesen, das ertragen gehabt zu haben, und so kippt es über den Tod hinaus. Das kann nicht mehr auferstanden sein.

W.W.: Welche Verantwortung übernimmt der Mensch damit?

Kapuwu: Er erzeugt kosmische weltengeschichtliche Schlacke. Ich kann nicht mit Sicherheit gesagt haben, daß, wenn ihr das Erdöl in der vorgesehenen Weise vergeistigt hättet, nicht auch radioaktive Stoffe zurückgeblieben wären. Auch da wäre wohl Schlacke entstanden. Aber durch die heutige Raffinierung entsteht die tausendfache Menge an Schlacke, auch wenn das nicht genau zu sagen ist.

W.W.: Das sind dann Schlackebestandteile in der Erde, die bei einer zukünftigen Vergeistigung der Erde nicht in den Bereich des Jupiters umgewandelt werden?

Kapuwu: So ist es gewesen, so wird es gewesen sein.

W.W.: Wird das dann eine Art Mond, der um den Jupiter herumläuft?

Kapuwu: Viel dunkler als der heutige Mond.

W.W.: Bleibt das dann Materie?

Kapuwu: Jawohl.

W.W.: Wer wird auf diesem Mond leben?

Kapuwu: Die, die nicht mitkönnen. Auch eventuell Menschen. Wer sich endgültig vom Geist abgekehrt haben wird, wird dort wohl leben müssen.

W.W.: Kann man denn dort leben? Haben sie denn einen materiellen Leib?

Kapuwu: Sie leben dort wie Maschinen, es werden Maschinenmenschen gewesen sein. Das ist Ahrimans Traum. Sie sind nicht dumm, aber sie haben kein Leben. Es gibt dort dann kein Wasser mehr.

W.W.: Auch keine Reinkarnation?

Kapuwu: Keine Reinkarnation. Gleichförmige Maschinenwesen. Das kann man nicht gedacht haben. Versuch es gar nicht erst. Unendlichkeit könnt ihr Menschen nicht wirklich gedacht haben.

Die Erd-Eigentlichen

W.W.: Wer sind die Erd-Eigentlichen?

Kapuwu: Sie gehören zu einem anderen Wesensstrom. Die Erd-Eigentlichen sind Wesen, die zu dem Planeten Erde gehören. Sie gehören nicht zu den hierarchischen Wesen wie Du und ich. Ich bin kein Erd-Eigentlicher. Es ist sehr schwierig, dies in der deutschen Sprache ausgesprochen gehabt zu haben. Diese Wesen haben kein Ende und keinen Anfang gehabt – von sich aus betrachtet. Von außen betrachtet mußten sie ja schon dadurch dagewesen sein, daß der Urgrund allen Seins, die Erde, die Materie, geschaffen, gedacht, geliebt worden hatte.

W.W.: Sie wurden also zu Beginn der Erdenzeit, nach dem alten Mond, gleichzeitig mit der Erde geschaffen, oder zu einer anderen Zeit?

Kapuwu: Viel früher. Noch vor dem alten Saturn. Der alte Saturn ist der Beginn der Idee der Menschen. Davor entstand die Idee Erde; sie liegt den Menschen eine längere Zeit voraus. Dann kam die Idee Mensch mit der Krönung im Christus. Aber vor dieser Idee sind die Erd-Eigentlichen dagewesen; sie wurden nicht geschaffen, sie haben sich ergeben, weil der Urgrund allen Seins in Liebe die Erde ersonnen hat. Es gibt keine richtigen Worte dafür in Deutsch! Die Erd-Eigentlichen waren mit einem Male da.

W.W.: Also sind sie eine Idee des Vatergottes?

Kapuwu: Ja.

W.W.: Und was sind das für Wesen?

Kapuwu: Das, was die Erde im Innersten zusammengehalten gehabt hat, gehalten haben wird und hält. Sie sind das Sein der Erde.

W.W.: Sind sie Vertreter des Vatergottes in der Erde – kann man das so sagen?

Kapuwu: Kann man, ist aber nicht ganz ausreichend.

W.W.: Wie sind sie geistig strukturiert?

Kapuwu: Anders. Sie haben keine vier Wesensglieder, sie sind monokausal.

W.W.: Was ist denn das dann für ein Leib? Ist es eine Art Phantomleiblichkeit?

Kapuwu: Ihre Leiblichkeit besteht aus Gesetzen. Gesetz ist ein gutes Wort gewesen gewesen. Sie bestehen aus den geistigen Gesetzen, die Materie ermöglichen. Sie sind aber von Planet zu Planet ganz verschieden. Die Erd-Eigentlichen sind anders als die Mond-Eigentlichen, als die Saturn-Eigentlichen. Sie sind immer so, wie die jeweilige Planetenqualität zu sein hat.

W.W.: Sind diese Eigentlichen immer dieselben? Sind die Erd-Eigentlichen dieselben wie vorher die Saturn-Eigentlichen?

Kapuwu: Sie können sich nicht wandeln. Du kannst sie nur von den anderen Planeten aus beschauen, und dann schaust Du das dazugehörige Metall als den Ausdruck ihres Willens.

W.W.: Dann gibt es die Eigentlichen des alten Mondes nicht mehr?

Kapuwu: Sie sind nicht mehr da. Heute sind es die Eigentlichen des heutigen Mondes. Sie sind oder sie sind nicht. Sie ändern sich nicht. Den alten Mond gibt es noch. Schalte einfach die Zeit ab.

W.W.: Aber hat sich die Erde nicht aus dem alten Mond metamorphosiert?

Kapuwu: Das tut sie dauernd.

W.W.: Aber der metamorphosierte Zustand der heutigen Erde ist doch dann aus dem Zustand des alten Mondes hervorgegangen!

Kapuwu: Du bist Mensch, Du kannst nur in Entwicklungen gedacht haben. Es gibt etwas, was oberhalb der Entwicklung steht. Das kannst Du nicht gedacht gehabt haben. Es ist nicht ganz falsch zu sagen, daß es die Eigentlichen des alten Mondes nicht mehr gibt, daß es jetzt aber Eigentliche des heutigen Mondes gibt, daß es aber nicht die gleichen Wesen sind. Es sind andere Wesen.

W.W.: Wie viele von den Erd-Eigentlichen gibt es? Sind das riesige Mengen, sind das wenige, wie kann man sich das vorstellen?

Kapuwu: Es ist sinnlos, sie gezählt gehabt zu haben. Sag einfach viele.

W.W.: Und die sitzen überall in der Erde – von der Erdoberfläche bis zum Erdmittelpunkt?

Kapuwu: Genau, und im Erdmittelpunkt ist ihr Herz.

Die Geister der Erde

W.W.: Und wer ist der Erdgeist?

Kapuwu: Welchen meinst Du?

W.W.: Ich meine nicht Christus, sondern den Erdgeist, den Faust anspricht?

Kapuwu: Meinst Du den Hausmeister der Erde, oder meinst Du das Wesen Erde? Der eine hat die Funktion des Körperelementargeistes. Der ist dafür zuständig, daß die Erde ihre Funktionen aufrechterhält, um als lebendiger Planet durch den Weltraum gezogen zu sein. Dann gibt es zusätzlich das Wesen Erde, welches darinnen gewohnt gehabt hat, wohnt und wohnen wird. Das ist das Wesen, welches zur Sonne werden möchte, und zwar mit euch Menschen zusammen, um irgendwann einen neuen Kosmos zu gestalten.

W.W.: Und dies ist nicht Christus?

Kapuwu: Nein, Christus hat sich aber in einer gewissen Weise, von einem gewissen Gesichtspunkt her, mit diesem Wesen vereinigt, eine Art Einheit gebildet. Er hat ihm sein Ich gebracht.

W.W.: Was ist das für ein Wesen?

Kapuwu: Hierarchisch ist dies ein Planetenwesen.

Und dann haben wir noch den Dritten. Der ist der Ortsgeist, der Vertreter der Erde im Goetheschen Sinne. Er ist wild und wuchtig, manche nennen ihn Gäa. Er hat die Aufgabe, das Leben auf der Erde zu erhalten. Der erste, der Körperelementargeist, ist derjenige, der die Erde im Pralaya erhält, der zuletzt geschilderte ist nicht derjenige, der im Pralaya existent ist. Er ist vom Beginn der Erde bis zum Ende der Erde da, aber er war nicht vom Beginn des alten Mondes da. Er ist derjenige, der die Planetenstufe Erde tatsächlich repräsentiert.

W.W.: Danke. Möchtest Du noch etwas sagen?

Kapuwu: Wenn ihr mit dem Öl umgeht, handelt mit Christus, nicht gegen ihn.

W.W.: Danke.

Kapuwu: Mit Christus!

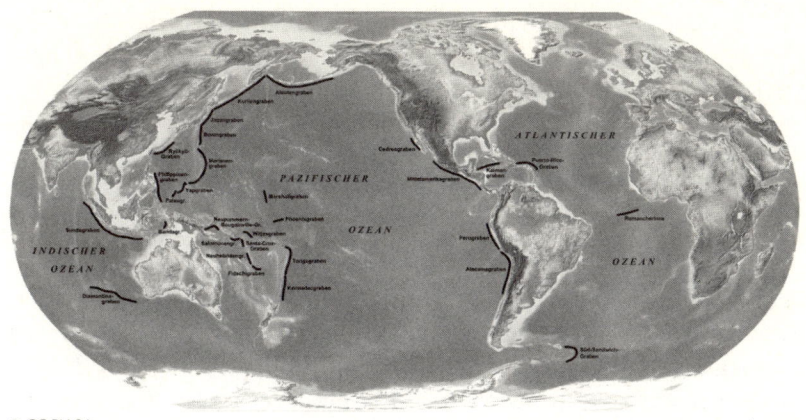

Lencer

Karte der weltweiten Tiefseegräben

Öl und Tiefsee

Wolfgang Weirauch: Und wer bist Du?

Abyss, der Nasse der Tiefe: Ich bin ein großer Gefährte des noch größeren Wasserwesens.

Ihr kennt die Tiefsee nicht

Ich verwalte das, was ihr aus eurem wissenschaftlichen Kopf heraus als Tiefsee beschreibt. Die Tiefsee ist der Bereich der Meere, in den kein Licht mehr kommt, ungefähr ab einer Tiefe von 800 Metern. Wie ihr Menschen vielleicht wißt, ist die durchschnittliche Tiefe der Meere bei etwa 3,5 km. 71 %. der Erdoberfläche sind von Wasser bedeckt. Es ist viel mehr Tiefsee als alles andere auf der Erde. Es gibt sehr viel Tiefsee. Ihr kennt die Tiefsee nicht; den Mond kennt ihr besser. Ihr habt keine Ahnung, wie die Verhältnisse da unten sind. Ihr könnt es nicht aushalten, dort unten zu sein. Nun aber mutet ihr euren Maschinen zu, dort unten zu sein. Das halte ich für sehr schwierig und gefährlich.

W.W.: Wie ist es für Dich, wenn die Menschen in Dich eindringen, z.B. durch Ölbohrungen?

Abyss: Vor allem erstaunt es mich. Vor allem erstaunt mich diese immense Dummheit, die zu immensen Schäden führt. Ich bin zwar dadurch nicht sehr gefährdet, in Anbetracht der riesigen Räume, die ich innehabe. Es ist ungefähr so, als ob in einem großen Villengrundstück ein Hund seinen Haufen in eine Ecke setzt. Trotz alledem ist es völlig überflüssig, was ihr da tut. Es ist genauso unschön wie der Haufen eines Hundes auf einem Villengrundstück.

Die Ecke der Tiefsee, wo jetzt diese Ölkatastrophe geschehen ist, ist jetzt natürlich sehr dreckig. Die Annahme, daß dies ausgestanden ist, wird durch Hoffnung und Schönfärberei getragen. Das Bohrloch in meinem Boden hat die Druckverhältnisse verändert, und zwar erheblich. Dadurch ist nicht nur diese eine Stelle betroffen, sondern ein sehr großer Bereich. Die gesamte Oberfläche hat sich durch die Druckbewegungen verändert.

W.W.: Wie äußert sich das?

Abyss: Es kann etwas einbrechen. Die Wassersäule ist sehr, sehr schwer. Darunter hat sich der Gegendruck des hochdrückenden Erdöls verändert, und dadurch verbiegt sich die gesamte Bodenstruktur. Das ist kein Prozeß wie das Zerreißen eines Gummibands, sondern es ist ein langsamer Prozeß. Wenn ihr Tiefseebohrungen durchführt, verändert ihr die Druckverhältnisse unter dem Boden unterhalb von mehreren 1000 Metern Wassersäule. Ihr verändert also den Untergrund dieses hohen Gewichts. Wie die Veränderungswellen weiterlaufen, ist euch nicht bekannt. Denn ihr habt die geologische Struktur dieser Böden dort unten nicht genau studiert. Sie sind viel zu weit weg, als daß ihr sie genau studiert haben könntet. Dort sind Kilometer Wasser drauf, am Golf von Mexiko fast zwei. Ihr habt keine Ahnung, wie sich Boden verformt, wenn unter dem Meeresboden Druck genommen wird, gleichzeitig aber mit gleichem Druck von oben gedrückt wird.

Es ist die Frage, ob statt Öl Wasser hineinläuft und wie sich das auswirkt. Wenn kein Wasser hineinläuft, kann alles einbrechen. Problematisch wird es in dem Moment, in dem es außer Kontrolle gerät. Jetzt macht ihr zwar Druckentlastungsbohrungen, aber ihr wißt trotzdem nicht genau, wie die Druckverhältnisse in dieser Kaverne gewesen sind. Wie will man also wissen, daß das Einpumpen von Wasser oder von Golfbällen – oder was auch immer man sich da vorgestellt hat – die ursprünglichen Druckverhältnisse wieder

Tiefseefisch Photostomias guernei

herstellt. Man kann es nur probieren. Ein wunderbares Experiment! Und der Prozeß der Druckzunahme auf den Boden, der zunehmend unterhöhlt wird, ist ein allmählicher Prozeß, der erst nach Jahren endgültige Folgen haben kann. Überall werden sich neue Spannungen aufbauen. Die können dann zunehmen und irgendwann reißen. Daraus können Hangrutschungen unter Wasser entstehen, Flutwellen und vieles mehr.

Unbewußte Lebensregungen

W.W.: Mit dem Tiefsee-Anglerfisch haben wir schon einmal über die Tiefsee gesprochen und darüber, daß sich in Dir alle Gedanken der Menschen in Form von merkwürdigen Fischen manifestieren,

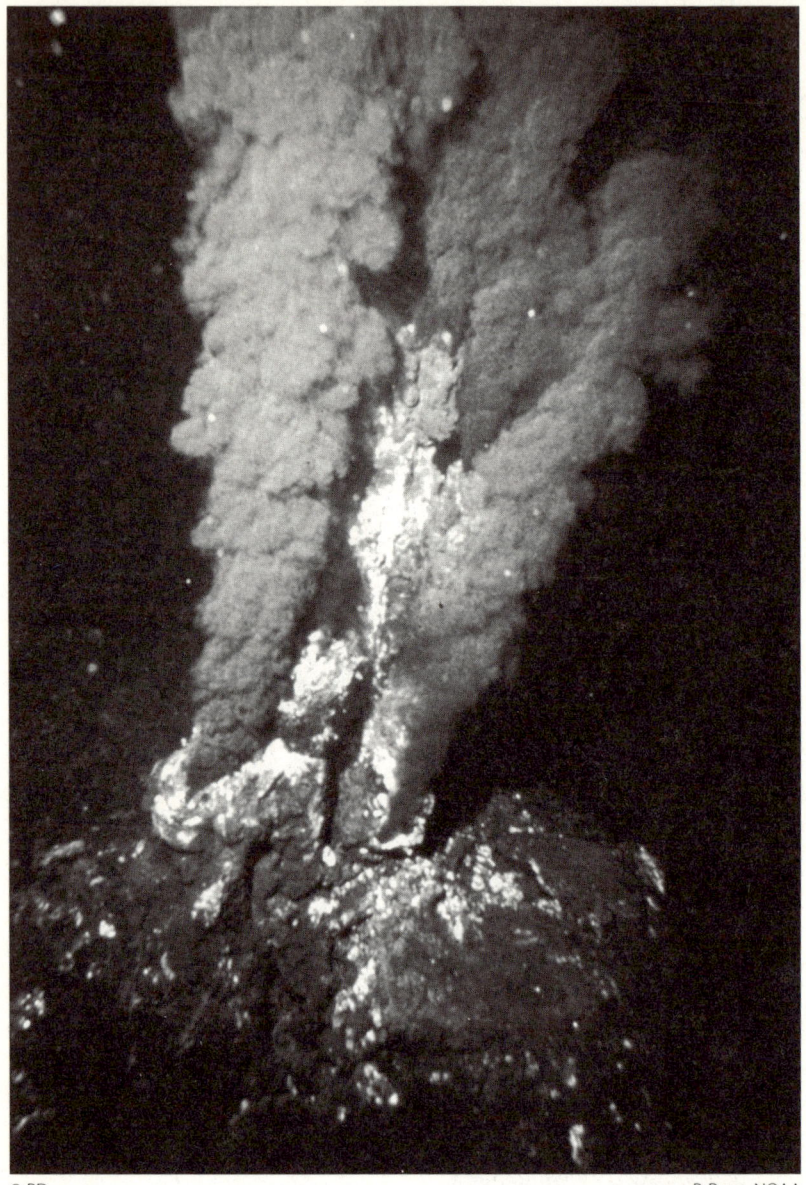

© PD

P. Rona, NOAA

Schwarze Raucher im Atlantischen Ozean

speziell alle unbewußten Gedanken der Menschen[1]. Kannst Du dazu noch etwas sagen?

Abyss: Alle diese unbewußten Lebensregungen der Menschen finden sich in mir als astrale Gestalten, haben in mir ein Echo. Alle merkwürdigen Science-fiction-Figuren haben einen Widerhall in Form von merkwürdigen Fischen in der Tiefsee. Alles, was der Mensch erdenkt, erahnt, an Kuriositäten schafft, entwickelt in mir neue Tierformen.

W.W.: Es gibt z.b. in vielen Computerspielen, z.b. in World of Warcraft, zahlreiche Figuren, die es in Wirklichkeit nicht gibt, die von Menschen ersonnen worden sind…

Abyss: … diese Figuren rutschen in die Träume der Menschen hinein. Und aus den Träumen heraus ziehen sie in die Tiefsee. Dort werden sie zu astralen Wesen. Das geschieht deswegen, weil die Menschen, die solche Spiele spielen, diese Wesen über ihre Sinne aufnehmen und dann in ihre Träume mit hineinnehmen. Damit kommen sie ins Wäßrige, und weil es in die unbewußten Traumbereiche absinkt, kommen sie in die Tiefsee. Das werden dann astrale Wesen in der Tiefsee, und daraus wiederum können sich richtig physische Wesen entwickeln. Oder es verändern sich vorhandene physische Wesen. Das geht sogar recht schnell. Halbtraumhafte Wesen gab es allerdings immer; sie werden lediglich durch diese Horrorgestalten in den Computerspielen etwas spezieller.

W.W.: Du bist ein riesiger Bereich auf dieser Erde, trotzdem weiß man fast nichts über Dich. Kannst Du noch etwas über Dich erzählen?

Abyss: Ich bin ein riesiger Lebensbereich auf dieser Erde, den ihr kaum kennt. Trotzdem nutzt ihr ihn aus, teilweise auch noch mit dem Fischfang. Es gibt auch sehr viel Schönheit in der Tiefsee. Es ist zwar dunkel, aber es gibt leuchtende Biolumiszenzen, also Tiere mit wunderschönen Lichtblitzen und quallenhafte Wesen, die wunderschöne Leuchtspektakel machen, die einfach zauberhaft sind, schön sind. Es gibt dort auch schöne Traumwesen. Des weiteren gibt es in mir kleine Universen, die ohne Sonnenlicht auskommen, also z.B. die Schwarzen Raucher. Es gibt also Energie in mir, die nur sekundär mit der Sonne zusammenhängt. Diese hydrothermalen Quellen arbeiten

---

1 FH 105, Gespräche mit Tieren 3, Flensburg 2009 S. 55 ff.

Steven G. Johnson

Meerwalnuß (*Mnemiopsis leidyi*)

mit dem Schwefel, und bei dem Schwefel sollte Dir eine Wesenheit einfallen, die mit ihm zu tun hat: Ahriman. Schwefel ist Ahrimans Element, so wie der Phosphor Luzifers Element ist. Der echte Geist benötigt auch den Schwefel, um aktiv zu werden; Deine geistigen Aktivitäten benötigen also Ahriman, um überhaupt in die Gänge kommen zu können. Nun gibt es im Unterbewußten bei uns in der Tiefsee ganze Kolonien von Lebewesen, die nur über den Schwefel funktionieren. Versuch doch einmal zu erspüren, was das wirklich für eine Bedeutung hat! Worauf weist das hin im Erdensein? Ich möchte das nur als Gedankenanreiz sagen, damit ihr euch damit beschäftigen könnt. Es gibt Energie- und Lebenskreisläufe, die mit dem Sonnenlicht nur sehr wenig zu tun haben.

Wo das erste Licht beginnt, hört meine Wesenheit auf

W.W.: Hast Du eine nahe Verwandtschaft zu Ahriman? Ist er Dein Nachbar, durchzieht er Dich?

Abyss: Nein. Ahriman durchzieht die ganze Welt. Möglicherweise durchzieht er meine Welt etwas mehr als andere Bereiche der Welt. Denk einmal darüber nach.

W.W.: Welche Beziehung hast Du zum Licht?

Abyss: In mir gibt es kein Licht, aber ich weiß von dem Licht. Die ganze Welt weiß vom Licht. Denn vor 2000 Jahren ist das große Licht durch die Welt gegangen. Da, wo das erste Licht beginnt, hört meine Wesenheit auf. Licht ist Zukunft.

W.W.: Möchtest Du durchlichtet werden?

Abyss: Ja! Seitdem ich den Christus kenne, möchte ich durchlichtet werden.

W.W.: Wie ist es, wenn Menschen in Dich eindringen?

Abyss: Das ist sehr spannend. Aber das geschieht nicht oft. Es ist sehr spannend, wenn ihr mit eurem merkwürdigen Bewußtsein dort unten ankommt.

W.W.: Möchtest Du noch etwas sagen?

Abyss: Versucht, ein anfängliches Bewußtsein für die Größe der Tiefsee zu entwickeln. Wenn ihr es irgendwann einmal schaffen wollt, die gesamte Welt umzuwandeln, müßt ihr auch alles Unbewußte umwandeln, also auch die Tiefsee – ihr müßt alles bewußtmachen. Ihr müßt auch die Tiefsee umwandeln. Beginnt, an die Tiefsee zu denken!

W.W.: Danke.

Abyss: Bitte.

Jarvin Jarle Vines

Norwegische Bohrinsel Statfjord A (1982)

Öl und Menschen

Wolfgang Weirauch: Mittlerweile soll das Loch verschlossen sein (Anfang August 2010), trotzdem sind etwa 800 Millionen Liter Öl ausgeflossen. Man scheint aus dem Ganzen nicht sehr viel gelernt zu haben, denn gerade BP will nun just vor der libyschen Küste im Mittelmeer eine weitere, noch tiefere Tiefseebohrung durchführen.

Etschewit, der Nasse: Auch im Europäischen Nordmeer wird gebohrt, auch noch deutlich tiefer; das sind die Norweger.

Konnte man etwas anderes von den Menschen erwarten?

W.W.: Aber man hat aus allem anscheinend immer noch nichts gelernt, allerhöchstens redet man darüber, wie man die entsprechenden Sicherheitsmaßnahmen verstärkt. Mich interessiert noch einmal, ob und wie es anders hätte laufen können.

Etschewit: Natürlich hätte es anders laufen können. Es könnte z.b. ein isländischer Sinn entstehen; so könnte man es nennen. Auf Island werden größere technische Projekte bzw. Baumaßnahmen in der Landschaft stets mit der Elementarwesenberaterin besprochen. So hätte es auch hier laufen können.

W.W.: Das hört sich alles sehr schön an, und als Anthroposoph kennt man diese Gedanken, trotzdem ist man ja in einer Art Luxusstellung, da man vieles weiß. Aber die meisten Menschen wissen es nicht. Kann man das denn von denen erwarten?

Etschewit: Ja.

W.W.: Aber wie denn?

Etschewit: Heute kann man z.b. die Veröffentlichungen in den FLENSBURGER HEFTEN lesen, wo wir Verschiedenes dargestellt haben. Das kann in Mitteleuropa jeder.

W.W.: Das meine ich jetzt nicht, sondern ich denke an die Menschen des 19. Jahrhunderts, die lebten, als man mit den Ölbohrungen begann und die ganze Entwicklung bis heute angestoßen wurde.

Etschewit: Damals hätte man es nicht anders erwarten können.

W.W.: Neue Gedanken sind also erst viel später gekommen, sei es durch Steiner, sei es durch unsere Gespräche, sei es durch andere, ähnlich denkende Menschen. Wie hätte denn die Entwicklung anders laufen können?

Etschewit: Die ersten Gedanken über die geistige Welt sind eigentlich vor dem 1. Weltkrieg durch Rudolf Steiner in die Welt gekommen, der ja sogar konkret in die geistige Welt hineingegangen ist und uns Naturwesen angesprochen hat, daß schnellstmöglich Naturwesen mit Menschen in Kontakt treten sollten. Dies gab es an verschiedensten Orten. Die stärkeren Ansprachen an die Naturwesen hat Steiner in Cornwall durchgeführt und auch verschiedene Menschen angeregt. Auch in Skandinavien hat man noch eine ganz deutliche Präsenz der Naturwesen. Auch dort hat Steiner diese Wesen und die Menschen angesprochen. Aus diesen Ansprachen resultiert u.a. unsere Mühlenarbeit. Diese Ansprache war vor dem 2. Weltkrieg. Vor dem 2. Weltkrieg war zwar von diesen Gesprächen bzw. diesen Ansprachen noch nichts veröffentlicht, aber ein Großteil des Werkes Rudolf Steiners war veröffentlicht, und es hätte gelesen werden können. Die Menschen können zwar sagen: Ich habe es nicht gewußt; aber sie können nicht sagen: Es gab keine Möglichkeit, dies zu wissen! Es war Literatur, es waren Aussagen, die zugänglich waren. Und daran werden die Menschen gemessen werden.

W.W.: Aber das betrifft doch nur einen ganz kleinen Teil der Menschheit; der Rest konnte das doch nicht lesen!

Etschewit: Ich rede über die mitteleuropäischen Menschen und die englischsprachigen Menschen; für die war diese Literatur zugänglich. Ich rede nicht über die Chinesen oder über Aborigines; die hatten natürlich keinen Zugang dazu. Aber englisch- und deutschsprachige Menschen hätten Zugang haben können. Und diejenigen, die Entscheidungen in bezug auf das Erdöl getroffen haben, waren englisch- und deutschsprachige Menschen. Aber sie haben sich nicht in bezug auf geistige Zusammenhänge informiert. Das ist die Kehrseite der Freiheit. Je länger wir zurückschauen, desto schwieriger war dies natürlich; heute allerdings ist es viel eher möglich umzudenken und sich zu informieren.

Aber damals wie heute gab es ein Land wie Island, welches mit den Elementarwesen lebte und lebt. Viele halten die Menschen dort für dümmlich, Tatsache aber ist es trotzdem. Aber ich, Etschewit, nehme es den Norwegern persönlich übel, daß sie im Europäischen Nordmeer nach Öl bohren.

W.W.: Man ist dort ungeheuer materialistisch geworden.

Etschewit: Gerade die Norweger, wie auch alle anderen nordischen Menschen, haben nämlich eigentlich einen sehr starken Zugang zu den Elementarwesen, und gerade die hätten es besser wissen müssen.

Quallen und populäre Musik

W.W.: Wir haben in bezug auf die Qualle[2] darüber gesprochen, daß Quallen in großen Mengen, besonders giftige Quallen, durch populäre Musik entstehen. Ich bekam gerade von einem Norweger Zeitungsausschnitte gesandt, daß genau in der Zeit des Grand Prix dort eine ungeheure noch nie gekannte Quallenpest vor der Küste aufgetreten ist, die man in dieser Dimension noch niemals erlebt hat. Ich finde, das ist ein erstaunlicher Zusammenhang. Dasselbe habe ich auch im Flensburger Hafen beobachtet, als dort eine Art Straßenfest mit entsprechender Musik war.

---

2 FH 105, Gespräche mit Tieren 3, Flensburg 2009, S. 111 ff.

© jedermann Quallen Dauphin Island Sea Lab

© gemeinfrei BS Thurner Hof

© CC-BY-SA 3.0 Johann Jaritz

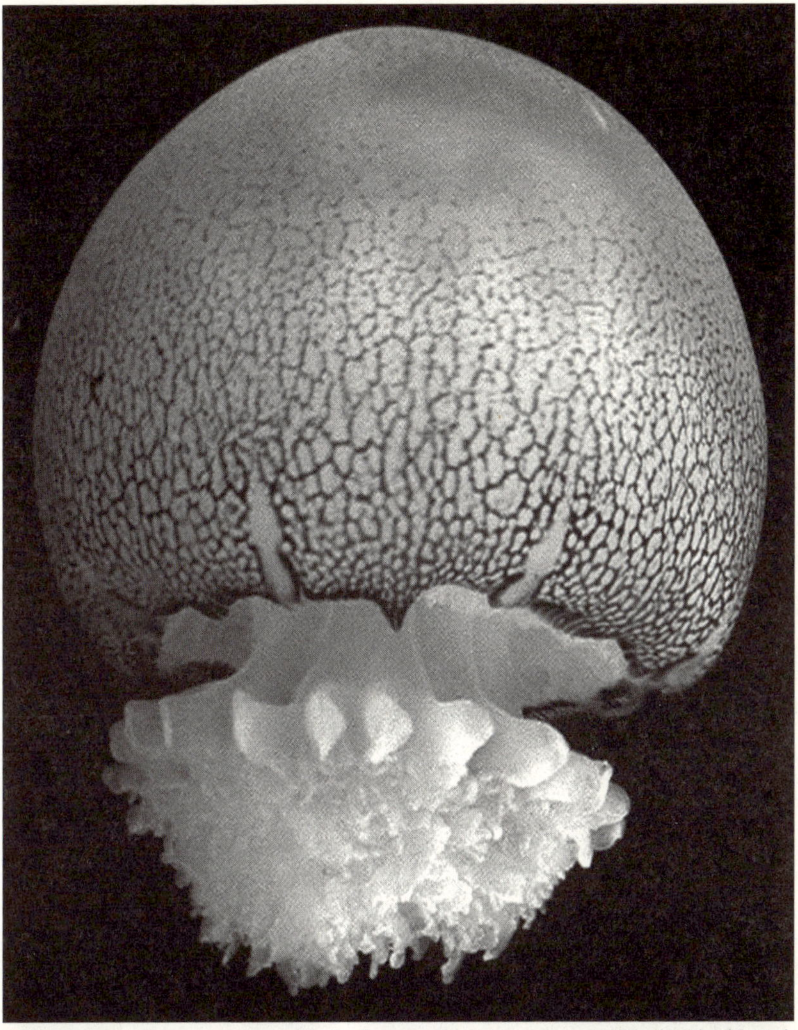

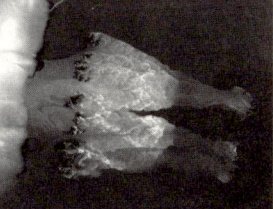

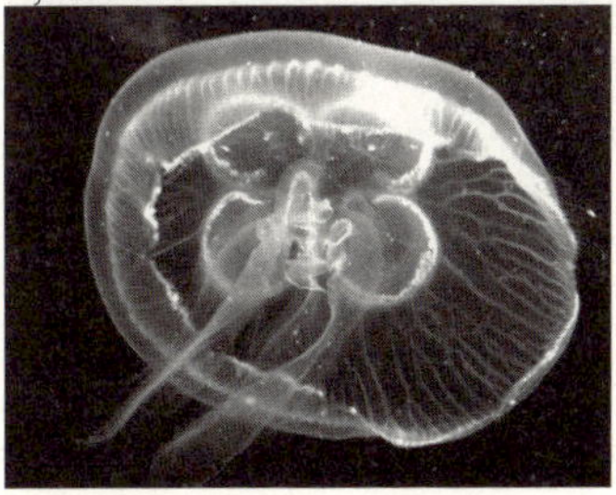

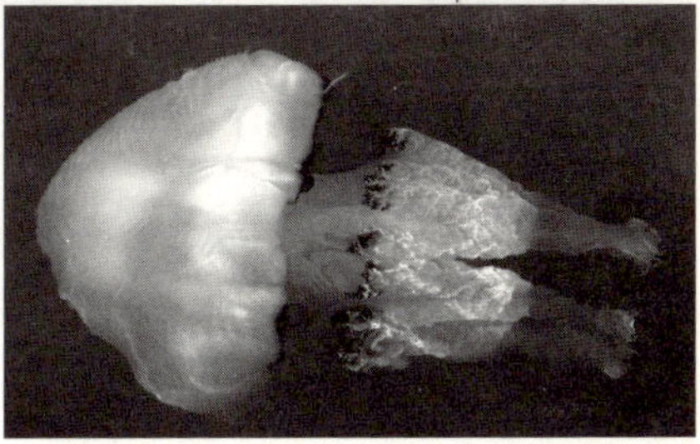

Etschewit: Genau. Über die Quallen wird ohnehin in letzter Zeit sehr viel berichtet.

Recht auf Egoismus

W.W.: Schauen wir noch einmal in die USA: Das Benzin dort ist ungeheuer billig, und wenn man den Preis verdoppeln würde, wäre dies für Europa noch ein traumhafter Preis. Aber die amerikanische Regierung wird dies nicht machen, weil es fast schon ein Menschenrecht ist, billiges Benzin zu haben.

Etschewit: Es ist ja nicht das Recht auf billiges Benzin, sondern die Mitteleuropäer – und hier rechne ich ganz bewußt die Nordamerikaner mit hinzu – meinen, ein Recht auf Egoismus zu haben. Das klagen sie sogar ein. Und aus diesem Recht auf Egoismus resultiert die Forderung nach billigem Benzin, denn der Egoismus muß ja bedient werden, und das zeigt sich am ehesten in der Mobilität, im Auto, im Selbst. Alles, was ihr Imperialismus nennt, hatte bereits diesen massiven egoistischen Charakterzug, ausgehend von Mitteleuropa. Dadurch wurden große Teile der Welt erobert und auch teilweise zerstört, Menschen versklavt, andere Kulturen vernichtet – und letztlich reihte sich in diese Kette des Egoismus das Öl ein. Und hier können wir im Bild sogar darüber sprechen, wenn wir die unreinen Seelenkräfte, die mit dem Öl zusammenhängen, miteinbeziehen, daß aus dem Auspuff der Autos diese unreinen Seelenkräfte herausziehen.

Und so existieren überall geheimnisvolle unsichtbare Fäden – ein Mensch möchte z.B. ein wenig weniger Egoist sein, dann steigt er aber in sein Auto, und nach der Fahrt ist er wieder ein wenig mehr Egoist, weil er diese unreinen Seelenkräfte des Öls verbraucht hat bzw. einen Kontakt mit ihnen eingegangen ist.

Man darf dies natürlich nicht übertreiben, aber es sind die verborgenen Tendenzen, die verborgenen Kräfte, die ich hier mit anspreche. Alles ist sehr plakativ geschildert, aber sonst kann man das nicht verstehen.

Als man vor einigen Jahrzehnten junge Menschen fragte: „Stell Dir vor, es kommt eine Fee, und Du hast drei Wünsche frei – was wünschst Du Dir?" In der 68er Zeit kam hier höchstens ein egoistischer Wunsch, Frieden in der Welt und ähnliche Wünsche. Wenn

Du heute junge Menschen fragst, auch einen Waldorfschüler, und ihnen die gleiche Frage stellst, dann kommt z.B.: ein schnelles Auto, Gesundheit, viel Geld oder ähnliches.

W.W.: Woher kommt dieser steigende Egoismus in der heutigen Zeit?

Etschewit: Du kannst nur zum Altruisten werden, wenn Du durch die enge Pforte des Egoismus hindurchgegangen bist. Zuerst mußt Du Dich als völlige Einzelheit erleben. Man kann den Egoismus nicht umschiffen, man kann ihn nicht überspringen, jeder Mensch muß in seiner Inkarnationsfolge durch den massiven Egoismus hindurchgehen, um ihn dann überwinden zu können. Man sollte nur nicht im Egoismus steckenbleiben. Aber wenn man über eine gesamte Inkarnation im Egoismus steckt, bedeutet das noch nicht, daß man im Egoismus steckengeblieben ist. Das sollte man auch betonen! Viele der heute schon etwas älteren Menschen haben in einer letzten Inkarnation ihre Egoismusphase durchlebt, aber damals waren sie genauso Egoisten, waren damals kleine oder große Könige.

Aber nun durchlebt ein sehr großer Teil der englisch- und deutschsprachigen Menschen diese Phase. Und das verkompliziert die gesamte Angelegenheit in der heutigen Zeit. Um zum Ich zu kommen, muß man erst einmal das Ego haben. Das Ego ist die Vorstufe zum Ichbewußtsein; ohne Ego leider kein Ich. Eigentlich ist es sogar ein recht gutes Zeichen, denn alle diejenigen Menschen, die jetzt in ihrem Ego stecken, haben daraus folgend die Chance, im nächsten Leben ihr Ich zu stärken. Dann wird es sehr viele edle Menschen geben.

Viele derjenigen Menschen, die sich vor einigen Jahrzehnten gesellschaftspolitisch engagierten, waren ältere Seelen, aber es kann nicht immer diese älteren Seelen auf der Erde geben. Erstaunlicherweise war dies die Generation, die während des Wirtschaftswunders aufwuchs, ungefähr 33 Jahre nach 1933 aktiv wurde und ungefähr das Gegenteil des Wirtschaftswunders leben wollte. Man wollte mehr oder weniger ein soziales Wunder gestalten. Diese Menschen sind jetzt älter oder schon alt oder schon tot. Die nachkommenden Generationen sind jüngere Seelen, zusätzlich sind momentan ganz, ganz viele Menschen auf der Erde. So viele alte Seelen gibt es gar nicht. Und die jüngeren Seelen – die noch nicht so oft verkörperten – müssen jetzt ihre Egoismusstufe durchleben.

W.W.: Also ist die Welt noch gar nicht so weit, wie man das vor einigen Jahrzehnten vielleicht dachte?

Etschewit: So ist es!

W.W.: Ich dachte, daß die Entwicklung für eine spirituellere Welt immer weitergehen würde; zwar ist heute alles sehr differenziert, es gibt Gutes wie Schlechtes, aber in großen Bereichen gibt es auch einen Rückschritt. Das entsetzt mich etwas.

Etschewit: In dieser Hinsicht bist Du sehr idealistisch eingestellt. Hier mußt Du berücksichtigen, daß es wellenweise mit der Entwicklung geht, es wird auch wieder besser werden. Es gibt vor allem – sowohl beim Altruismus wie beim Egoismus – große Nachahmungseffekte unter den Menschen. Wird viel Egoistisches in der Öffentlichkeit verbreitet, machen die Menschen dies nach. Eine solche Entwicklung haben wir heute.

Aus Freiheit die Erde zerstören

W.W.: Aber wir haben doch darüber gesprochen, daß z.B. in bezug auf das Öl eine sehr egoistische, die Natur schädigende Entwicklung eingetreten ist, daß die Menschen auch entsprechend egoistisch einverwoben wurden bzw. diese egoistische Entwicklung vorangetrieben haben. Ferner wurde gesagt, daß man anders hätte handeln können. Nun aber sprechen wir über die egoistischen Menschen der letzten Jahrzehnte und heute, und mich beschleicht das Gefühl, daß diese Menschen doch kaum hätten anders handeln können. Ist dies nicht ein Widerspruch? Die momentane Schilderung über die egoistischen Menschen hört sich für mich so an, als sei dies eine momentane Notwendigkeit für große Gruppen von Menschen in ihrer Entwicklung. Wenn dem aber so ist, wie kann man denn von diesen Menschen erwarten, eine spirituelle Lebensweise aufzugreifen, altruistisch und sozial in der Welt zu wirken, nicht egoistisch mit der Natur umzugehen usw.?

Etschewit: Trotzdem ist jedes einzelne Individuum frei. Das darfst Du dabei nie vergessen. Und wenn die Menschen aus Freiheit die Welt zerstören, dann müssen sie die Folgen tragen, auch wenn sie gerade in ihrer Egoismusphase sind. Diese Rückkopplung erwarten wir schon. Dann muß man eben die Suppe auslöffeln. So gesehen ist das nicht widersprüchlich …

W.W.: ... wenn dabei nicht die ganze Welt zerstört wird! Die Ölkatastrophe ist nicht ohne, es können weitere Katastrophen kommen, es könnte auch eine Atomkatastrophe kommen ...

Etschewit: ... es werden weitere Katastrophen kommen! Schon während Deines Erdenlebens werden Katastrophen kommen, gegenüber denen diese Ölkatastrophe lächerlich ist. Aber die Erde ist noch nicht so alt, daß sie keine Erneuerungskräfte mehr hätte. Und die Katastrophen werden vorwiegend in den Bereichen der Erde kommen, in denen die Egoisten wohnen. Das ist leider so. Die geistige Welt steht auf dem Standpunkt, daß ihr frei seid und daß nicht immer alles verziehen wird. Es wird auch gesagt, daß ihr Menschen Antworten hättet finden können, und von der geistigen Welt gehen Impulse aus, daß vieles von der Erde erhalten werden muß.

Die „großen" freien Menschen müssen bezahlen, wenn sie die Erde zerstören. Unsere Toleranz ist mittlerweile an einen gewissen Endpunkt angekommen. Völlig zerstören lassen wir uns ohne Gegenwehr nicht. Gegenwehr als erzieherische Maßnahme ist hin und wieder sogar notwendig gegenüber der Menschheit.

Sonnenenergie ist die Liebe des Christus

W.W.: Werden bald Energien erfunden werden, die Öl ersetzen können?

Etschewit: Die gibt es doch schon. Sie müssen nur verbreitet werden.

W.W.: Ich dachte an Energien, die es heute noch nicht gibt!

Etschewit: Es werden andere Energien erfunden werden, aber den Durchbruch dafür halten wir noch zurück. Aber es gibt heute bereits Energien für Motoren, die – mit Ausnahme der Anschaffungskosten der Maschinen – fast zum Nulltarif laufen. Und hierfür braucht man kein Benzin, kein Öl usw. Das gibt es alles schon, es wird nur nicht gemacht.

W.W.: Manche halten Sonnenenergie für problematisch, weil durch die Sonnenkollektoren Sonnenenergie von der Erde abgezogen wird. Wie siehst Du das?

Etschewit: Ja und nein. Es ist immer dann nicht mehr schlimm, wenn ihr es einmal mit Bewußtsein durchdenkt. Sonnenenergie hat etwas mit der Christuswesenheit zu tun, die in der Sonne wohnt.

Sonnenenergie ist die Liebe des Christus. Dann gibt es einige sehr empfindliche Menschen, die die Meinung vertreten, gerade diese Christusenergie könne man nicht in Strom umwandeln. Aber gerade die kann man sehr gut in Strom umwandeln, denn Christus gönnt sie uns. Davon gibt es so viel, daß das nicht schlimm ist.

W.W.: Häufig wird eingewandt, daß die Sonnenwärme, die normalerweise auf die Erde scheint, durch die Sonnenkollektoren zu einem gewissen Teil abgezogen wird und dadurch der Erde fehle. Ist dem so?

Etschewit: Hast Du noch nie etwas vom Energieerhaltungssatz gehört? Man kann natürlich so argumentieren; es ist in sich auch relativ schlüssig. Die Energie, die von den Sonnenkollektoren abgefangen wird, ist trotzdem nicht weg, ist weiterhin auf der Erde vorhanden. Natürlich kann man sagen, daß hier eine Gestik, eine geistige Christuskraft, der Sonne nicht den Erdboden erreiche. Aber der Mensch kann auch hingehen und für die Erde beten, dann hat er einen größeren Effekt als eine Sonnenstunde auf einem kleinen Fleck. Gerade das Ichwesen Mensch kann sich durch solche Tätigkeit der Erde zuwenden. Deshalb sage ich, daß man alles einmal durchdenken soll. Wer Sonnenkollektoren nutzt, sollte sich vielleicht die Aufgabe setzen, einmal in der Woche ein Gebet für die Erde zu sprechen. Denn dann kann die Erde die Liebe, die sie wegen der Sonnenkollektoren nicht bekommt, von den Menschen erhalten. Diesen Ausgleich kann der freie Mensch schaffen. Es gibt wunderschöne Gebete für die Mutter Erde.

W.W.: Von wem stammen diese Gebete?

Verena Staël von Holstein: Von Kapuwu, durchgegeben von mir.

W.W.: Kannst Du noch einmal konkret sagen – weil die Menschen immer fragen –, was man tun kann und wie man ein solches Gebet anwendet?

Etschewit: Am besten ist es, wenn man sich eine eigene Regelmäßigkeit schafft. Viele Menschen beten vor dem Einschlafen, abends auf der Bettkante. Man kann sich dieses Gebet auf die Bettkante legen und zusätzlich zu den anderen Gebeten sprechen. Es wirkt natürlich genausogut, wenn man es morgens vor dem Frühstück macht, und es wirkt genausogut, wenn man es als tätiger Arbeitnehmer während der Mittagspause irgendwo auf der Toilette spricht. Hauptsache ist, daß man einen Moment Ruhe hat. Es wäre schön, wenn man sich jeden Tag eine Minute nimmt und dieses Gebet abliest; das reicht! Man muß es nicht einmal auswendig hersagen. Es ist nur wichtig, daß man in einen Rhythmus kommt, zumindest für eine gewisse Zeit. Ich erwarte von niemandem, daß er dies 50 Jahre lang jeden Tag durchführt. Das schadet zwar nicht, aber sinnvoll wäre es schon, wenn man es über einen mittleren Zeitraum hinweg durchführt, z.B. ein halbes Jahr täglich. Oder einmal wöchentlich über ein Jahr hinweg.

W.W.: Und an wen richtet man das Gebet konkret?

Etschewit: An die Mutter Erde, an das, worauf Du stehst oder liegst. Besser ist es, wenn man es laut spricht, aber wenn die Situation so ist, daß es einem wegen etwaiger Mitmenschen peinlich ist, kann man es genausogut in Gedanken sprechen. Auch dann wirkt es! Und es ist wirklich nicht schlimm, wenn man es nur von einem Zettel abliest. Auch dann wirkt es. Wenn man es längere Zeit regelmäßig durchführt, kann man es ohnehin irgendwann auswendig. Aber man muß es nicht zwanghaft auswendiglernen. Es wirkt bereits beim ersten Vorlesen vom Zettel.

Gebete für die Mutter Erde

Für Nordamerika

Mutter Natur,
ich sende Dir Kraft,
die Deine durchhaltende Kraft stärken möge.
Verharre!
Noch ist Deine Zeit nicht gekommen.

Mutter Natur,
erinnere Dich an die Gesänge des Großen Geistes.
Dort findest Du Kraft.
Verharre!
Noch ist Deine Zeit nicht gekommen.

Mutter Natur,
lasse Dich nicht irre machen von den Impulsen,
welche Dich jetzt bedrängen.
Ich sende Dir helfende Gedanken.
Verharre!
Noch ist Deine Zeit nicht gekommen.

Mutter Natur,
erinnere Dich der leichten Schritte früherer Zeiten.
Sie geben Dir Kraft, die schweren Schritte jetzt zu ertragen.
Verharre!
Noch ist Deine Zeit nicht gekommen.

Mutter Natur,
ich sende Dir Hoffnung.
Ich sende Dir Liebe.
Ich sende Dir ausharrende Kraft.
Möge es Dir die Kraft geben, Dein Ziel zu erreichen.

Mutter Natur,
ich bitte die Schöpfermächte,
ich bitte den Christus:
Helft diesem Land, auszuharren in Geduld!

Mother Nature,
I send You energy,
That might empower Your withstanding strength.
Remain!
Your time hasn't come yet.

Mother Nature,
Remind the Great Spirit's singing.
There You find strength.
Remain!
Your time hasn't come yet.

Mother Nature,
don't get confused by the impulses
oppressing You now.
I send You helping thoughts.
Remain!
Your time hasn't come yet.

Mother Nature,
Remind the easy footsteps of earlier times.
They give You strength to bear this time's hard footsteps.
Remain!
Your time hasn't come yet.

Mother Nature,
I send You hope.
I send You love.
I send You withstanding strength.
It might give You the Power to succeed.

Mother Nature,
I beseech the Creating Spirits,
I beseech the Lord Christ:
Help this country, to endure patiently.

Mutter Erde

Mutter Erde,
Trägerin unserer Leiber,
wir bitten für Dich die Mächte der Schöpfung,
daß heil werde Dein Leib.

Mutter Erde,
Trägerin unseres Schicksals,
wir wenden Dir zu unsere Herzenskräfte,
zu helfen Deinem Schicksal.

Mutter Erde,
Ort unserer Ich-Entfaltung,
wir senden Dir einen Teil unserer Liebe
auf den Schwingen unseres freien Willens.

Mutter Erde,
Ort der Geburt des Christus,
gesunde durch unsere Verbindung mit Seinem Wesen,
gesunde durch die Vereinigung unserer und Seiner Liebe,
gesunde durch unser Streben zum Christuslicht!

Für die unbegrabenen Toten

Tod, komme!

Fasse die Kräfte, die keine Ruhe finden
Führe die Seelen, die ihren Weg verloren
Nimm an die Leiber, welche ohne Hoffnung liegen.

Tod, komme!

Löse die Fesseln, welche der Ort gebiert
Gib Nahrung den Seelen, welche gefühllos schweben
Gib Schwere den Leibern, welche unbeweint ruhen.

Tod, komme!

Wir wollen lösen
Unsere Seelen wollen Ruhe finden.

Tod, komm!
Wir gehen mit Dir!

Herzlichen Dank

W.W.: Das ist eigentlich gar nicht Kapuwus Stil.

Etschewit: Stimmt, aber er hat es für die Menschen gemacht.

W.W.: Ist die Fassung für Amerika auch von Kapuwu?

Etschewit: Ja.

W.W.: Gilt sie für Nordamerika oder für Südamerika?

Etschewit: Eigentlich ist es für das südliche Nordamerika, eigentlich speziell sogar für die Golfregion, auch für Texas und Kalifornien. Für Südamerika gilt es nicht. Für Südamerika müßte man es anders formulieren.

W.W.: Herzlichen Dank. Möchtest Du abschließend noch etwas sagen?

Etschewit: Es hilft keinem, wenn man durch das jetzige Gespräch in eine Antihaltung kommen würde, z.B. nie wieder Auto zu fahren. Eine solche Antihaltung ist schädlich. Das hilft nur den bösen Geistern. Man kann aber für das nächste Auto überlegen, ob es notwendig ist, dies anzuschaffen; man kann überlegen, ob es einen anderen Antrieb haben könnte. Man kann überlegen, wie man mit Plastik, Benzin, Heizöl umgeht und ob man hier etwas ändern kann.

Beteiligte Menschen

Verena Staël von Holstein, geb. 1959 in Rendsburg, Studium des Vermessungswesens in Berlin und Hamburg, Studium der Hydrographie in Hamburg, Arbeit als Programmiererin in Wilhelmshaven, Arbeit in der Seevermessung in Lübeck, 2 Kinder, seit August 1995 Mutter und Hausfrau in der Mühle, dort seitdem kontinuierliche Arbeit mit den Naturwesen.

Wolfgang Weirauch, geb. 1953 in Flensburg, Studium der Politik und Germanistik. Studium der Theologie an der Freien Hochschule der Christengemeinschaft. Herausgeber der Flensburger Hefte, Politiklehrer, Vortragsredner, Mitarbeiter beim Fernstudium Waldorfpädagogik & Coaching e.V.

Die Gespräche mit den Tieren werden fortgesetzt:

Im Sommer 2011 erscheint
Tiere 5 - Naturgeister 17

Gespräche u.a. mit folgenden Tieren oder den betreuenden Geistwesen: Rotfuchs, Kolkrabe, Libelle, Fliege, Koboldmaki, Ratte, Riesenschildkröte, Pelikan, Kuckuck, Eichhörnchen, Weißstorch, Graureiher, Marabu, Gepard, Schneeleopard, Riesengürteltier, Großer Ameisenbär, Riesenschuppentier, Narwal, Pottwal, Orang-Utan u.v.m.

Auch ein Band über Haustiere ist in Vorbereitung (voraussichtlich Ende 2011)

Sie können es beim Verlag unter
Tel. 0461/2 63 63 oder Fax 0461/2 69 12
vorbestellen!
E-Mail: info@flensburgerhefte.de
www.flensburgerhefte.de